Arwyr Chwaraeon Cymru

I'r holl wirfoddolwyr ledled Cymru
sy'n rhoi cyfleoedd i blant
fwynhau chwaraeon.

Argraffiad cyntaf: 2025

Dymuna'r cyhoeddwyr gydnabod cymorth ariannol
Cyngor Llyfrau Cymru

Dyluniad y clawr: Richard Huw Pritchard
Lluniau: © Telor Gwyn
Dylunydd: Richard Huw Pritchard

Rhif Llyfr Rhyngwladol: 978-1-80099-395-2

Cyhoeddwyd ac argraffwyd yng Nghymru
ar bapur o goedwigoedd cynaliadwy gan
Y Lolfa Cyf., Talybont, Ceredigion SY24 5HE
e-bost ylolfa@ylolfa.com
gwefan www.ylolfa.com
ffôn 01970 832 304

Arwyr Chwaraeon Cymru

James Stafford

Lluniau gan
Telor Gwyn

y lolfa

Cynnwys

Cyflwyniad

Mae Cymru wedi serennu yn y byd chwaraeon er ei bod yn wlad mor fach – dim ond ychydig dros dair miliwn o bobl sy'n byw yma, sef 0.04% o boblogaeth y byd.

Mae gennym ni lawer iawn i fod yn falch ohono yng Nghymru er nad oes gennym ni gymaint o bennau, coesau na breichiau i gystadlu ar lwyfannau'r byd o'i gymharu â gwledydd eraill!

Yn anffodus, nid y Cymry ydy'r gorau bob amser am ddathlu llwyddiant ein gwlad. Mae gormod o'n harwyr chwaraeon yn cael eu hanghofio'n gyflym neu ddim yn cael sylw o gwbl hyd yn oed, er eu bod ymysg y goreuon yn eu maes. Bydd y llyfr hwn yn taflu goleuni ar bencampwyr, a gobeithio y bydd rhagor o athletwyr yn cael sylw yn y dyfodol.

O'r strydoedd mwyaf cul, y caeau mwyaf mwdlyd, y campfeydd mwyaf drewllyd a'r pyllau mwyaf rhynllyd, mae Cymru wedi creu pencampwyr a modelau rôl i gystadlu â'r gorau ym mhob gwlad. Efallai nad oes gennym ni lawer o dir, ond yn bendant, mae gennym ni lawer o dalent, ac yn y llyfr hwn cawn ddathlu llwyddiant 20 o athletwyr gorau Cymru.

Tyrd i ddysgu am y Gymraes wnaeth ddod i'r brig yn y gystadleuaeth nofio iâ gyntaf, gan nofio gyda morfil neu ddau! Tyrd i ddathlu dyrnau dawnus y bocswyr bach sy'n cael eu hedmygu yn America, a'r cawr o bêl-droediwr sy'n cael ei addoli yn yr Eidal ers cenedlaethau. O sêr y sgrin i arwyr anghofiedig – maen nhw i gyd yn y llyfr hwn.

Gobeithio, ar ôl darllen, y cei dithau dy ysbrydoli i fod yn arwr chwaraeon anhygoel, gan roi Cymru fach ar y map!

GARETH BALE

Seren fyd-enwog

Geni: Caerdydd, 16 Gorffennaf 1989

Chwaraeon: pêl-droed

Safle: asgell, cefn chwith

Prif glybiau: Southampton, Tottenham Hotspur, Real Madrid, Los Angeles FC

Goliau: 141

Gemau i Gymru: 111

Goliau i Gymru: 41

Prif wobrau:

- Enillydd La Liga x 3
- Enillydd Cynghrair y Pencampwyr x 5
- Y pêl-droediwr sydd wedi chwarae'r nifer mwyaf o gemau i Gymru
- Y dyn sydd wedi sgorio'r nifer mwyaf o goliau i Gymru
- Pêl Aur Cwpan Clwb y Byd FIFA
- Pêl-droediwr y Flwyddyn Cymdeithas Bêl-droed Cymru x 6
- Personoliaeth Chwaraeon BBC Cymru 2010

1

Gan fod pêl-droed yn rhan mor enfawr o ddiwylliant y byd, mae'n bosib mai **Gareth Bale** ydy'r Cymro enwocaf erioed.

2

Cafodd ei eni yng Nghaerdydd, ac roedd mor dda am chwarae pêl-droed nes bod ei athro yn yr ysgol wedi gwneud iddo ddefnyddio ei droed dde wannach yn unig, a'i orfodi i saethu a phasio gyda'i gyffyrddiad cyntaf ar y bêl, er mwyn rhoi cyfle i'w gyd-ddisgyblion! Erbyn 9 oed roedd clybiau proffesiynol yn dangos diddordeb ynddo, ac yn y diwedd arwyddodd gytundeb gyda Southampton.

Cafodd Gareth ei gêm broffesiynol gyntaf i Southampton yn 16 oed, gan sgorio ei gôl gyntaf ychydig fisoedd wedyn. Ar ddechrau ei yrfa, chwaraeodd fel amddiffynnwr (cefn chwith) cyn dod yn arbenigwr ar y gic rydd. Sgoriodd sawl cic rydd anhygoel wrth wyro'r bêl yn gelfydd i gefn y rhwyd.

Ysgol sy'n ysbrydoli

Yn rhyfeddol, gwnaeth Steve Williams, athro ymarfer corff Gareth yn Ysgol Uwchradd yr Eglwys Newydd yng Nghaerdydd, ddysgu capten tîm rygbi Cymru a thîm Llewod Prydain ac Iwerddon, Sam Warburton, a beiciwr buddugol Tour de France, Geraint Thomas (**gweler tudalen 15**)!

Antur i Ffrainc

Pan wnaeth Cymru gymhwyso ar gyfer Ewro 2016, doedd neb yn disgwyl iddyn nhw lwyddo. Ond, diolch i Gareth, cyrhaeddodd Cymru'r rownd gynderfynol. Mae buddugoliaeth y Dreigiau Cochion o 3–1 yn erbyn Gwlad Belg, yn rownd yr wyth olaf, yn un o'r nosweithiau mwyaf cofiadwy yn hanes chwaraeon Cymru.

3

Ar ôl i Gareth symud i Tottenham Hotspur, gwnaeth y rheolwr iddo chwarae ar yr asgell. Yn y safle yma, daeth Gareth yn un o chwaraewyr mwyaf blaenllaw'r byd. Roedd ei gyflymder (roedd ymhlith y chwaraewyr cyflymaf yn y gêm), ei gryfder, ei stamina a'i reolaeth dros y bêl yn hunllef i'w wrthwynebwyr a dechreuodd sgorio goliau cofiadwy yn rheolaidd.

4

Yn 2013, cafodd Gareth ei arwyddo gan y cewri o Sbaen, Real Madrid, am ffi enfawr – does neb yn siŵr o'r union swm ond mae sôn am £85 miliwn! – ffi a oedd yn record byd. Enillodd 19 tlws gyda nhw, gan gynnwys pum teitl Cynghrair y Pencampwyr. Arferai Gareth sgorio ei goliau gorau mewn gemau mawr – bydd ei goliau yng nghystadleuaeth Copa del Rey ac yn rownd derfynol Cynghrair y Pencampwyr 2018 (lle sgoriodd ddwywaith yn erbyn Lerpwl) yn aros yng nghof cefnogwyr Real Madrid am byth.

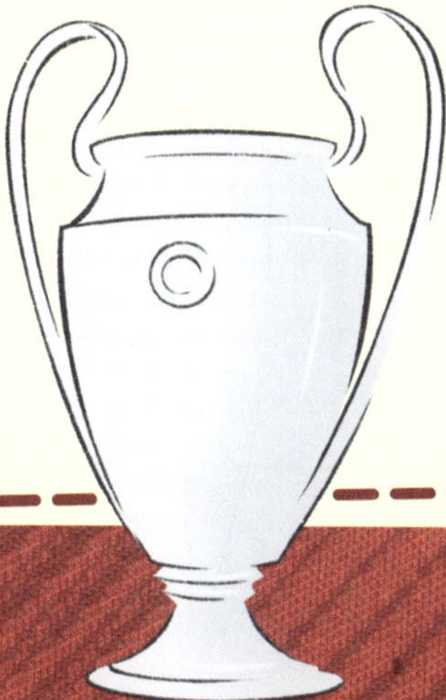

5

Fe wnaeth y Cymro balch ennill ei gap cyntaf dros ei wlad ychydig wythnosau cyn ei ben-blwydd yn 17 oed. Ar y pryd, ef oedd y chwaraewr ieuengaf erioed i chwarae i'r tîm cenedlaethol. Enillodd 111 o gapiau (sy'n record ymysg y dynion) ac arwain y crysau cochion i rownd gynderfynol Ewro 2016 – twrnamaint mwyaf Cymru ers degawdau. Gwnaeth Gareth hefyd helpu ei wlad ar eu taith i Ewro 2020 a Chwpan y Byd 2022 – dyma'r ail dro yn unig i Gymru gyrraedd Cwpan y Byd, ac roedd 64 o flynyddoedd wedi bod ers y tro diwethaf.

6

Cred rhai bod Gareth yn dod â lwc dda i dîm Cymru a'i fod yn ysbrydoli'r chwaraewyr eraill i fod ar eu gorau. Mae ei 41 gôl i Gymru yn record ac mae wedi sgorio 13 gôl yn fwy na'r ail brif sgoriwr, sef Ian Rush!

Oeddet ti'n gwybod?

- Yn 1876, chwaraeodd Cymru eu gêm ryngwladol gyntaf.
- Cymru ydy'r trydydd tîm rhyngwladol hynaf yn y byd.
- Lloegr a'r Alban ydy'r timau hynaf ar ôl iddyn nhw chwarae yn erbyn ei gilydd yn 1872.

LAUREN PRICE

Y ferch wnaeth wireddu ei breuddwydion

Geni: Casnewydd, 25 Mehefin 1994

Chwaraeon: bocsio, pêl-droed, cicfocsio

Pêl-droed: 2 gêm i Gymru

Cicfocsio:

- Pencampwr byd x 4
- Pencampwr Ewrop x 6

Bocsio (pwysau canol):

- Medal aur Olympaidd
- Medal aur Gemau Ewropeaidd
- Medal aur Gemau'r Gymanwlad
- Medal aur Pencampwriaethau'r Byd
- Pencampwraig Pwysau Welter y Byd

1

Mae **Lauren Price** yn hoff iawn o chwaraeon! Cafodd ei geni yng Nghasnewydd a'i magu gan ei thad-cu a'i mam-gu yn Ystrad Mynach. Er eu bod wedi ei hannog i gymryd rhan mewn chwaraeon, wnaethon nhw erioed feddwl y byddai Lauren ryw ddiwrnod yn Bencampwraig Olympaidd a'r Byd.

2

Pan oedd hi'n 8 oed, gofynnodd ei hathrawes iddi nodi ei gobeithion i'r dyfodol. Ysgrifennodd Lauren:

- Chwarae pêl-droed i Gymru
- Bod yn bencampwraig cicfocsio y byd
- Cystadlu yn y Gemau Olympaidd

Mae'n siŵr bod ei athrawes wedi gwenu wrth ddarllen hyn, ond gwnaeth Lauren gadw at ei gair!

Amldalentog

Mae cymryd rhan mewn nifer o wahanol gampau wedi gwneud Lauren yn athletwr arbennig. Wrth chwarae pêl-droed, roedd hi'n gallu cicio'r bêl yn bellach oherwydd ei bod hi'n cicfocsio.

3

Fe wnaeth ei thaid ei pherswadio i ddechrau cicfocsio pan oedd yn 10 oed. Dair blynedd yn ddiweddarach, enillodd fedal arian ym Mhencampwriaeth y Byd yn erbyn rhywun ddwywaith ei hoedran. Erbyn hyn mae wedi ennill chwe theitl Ewropeaidd a phedair Pencampwriaeth y Byd yn y gamp.

Tebyg i Tigger

Roedd teulu Lauren yn ei galw hi'n 'Tigger' o *Winnie the Pooh*, gan ei bod hi'n llawn egni. Un o'r rhesymau pam wnaeth Lauren roi cynnig ar gymaint o chwaraeon oedd am fod ei mam-gu a'i thad-cu eisiau ei blino!

4

Mae Lauren yn mwynhau pob math o chwaraeon fel pêl-rwyd, taekwondo a phêl-droed. Chwaraeodd i Ddinas Caerdydd, gan eu helpu i ennill Cynghrair Cymru Premier a chafodd ddau gap hŷn dros Gymru (cyfanswm o 52 cap ym mhob grŵp oed). Llwyddodd i wneud hyn er ei bod hi'n gweithio oriau hir mewn gwahanol swyddi gan nad oedd pêl-droed menywod yn talu llawer adeg hynny.

5

Yn 2014 penderfynodd ganolbwyntio ar focsio, ac yn yr un flwyddyn enillodd fedal efydd yng Ngemau'r Gymanwlad – hi oedd y ferch gyntaf o Gymru i wneud hyn. Ychwanegodd Lauren at ei chasgliad o dlysau pan enillodd fedalau aur yn y Gemau Ewropeaidd a'r Gymanwlad mewn bocsio pwysau canol (hyd at 75 kg).

Daeth â medal aur arall adref gyda hi o Gemau Olympaidd Tokyo pan gafodd ei dewis i gynrychioli Prydain yn 2020. Ar ôl iddi ennill, edrychodd i fyny i'r awyr a meddwl am ei thad-cu annwyl a fu farw, gwaetha'r modd, flwyddyn ynghynt. Roedd Lauren yn falch iawn pan gafodd y blwch post tu allan i dŷ ei nain ei baentio'n aur gan ei fod yn codi calon ei mam-gu bob tro roedd hi'n agor y llenni.

Oeddet ti'n gwybod?

- Fe wnaeth bocsio menywod ddechrau'n swyddogol yng Ngemau Olympaidd 2012.
- Mae'r cofnod cyntaf o ferch yn bocsio yn dyddio yn ôl i 1722, pan gyhoeddodd papur newydd o Lundain lythyr oddi wrth Elizabeth Wilkinson yn herio Hannah Hyfield i ymladd.
- Y dyddiau hynny, roedd bocswyr yn ymladd heb fenig ac ar ôl i Elizabeth ennill yr ornest, cafodd y llysenw 'Lady Bareknuckles'.

6

Mae Lauren wedi profi bod unrhyw beth yn bosib wrth weithio'n galed. Dim ond tair Cymraes sydd wedi ennill medal aur mewn cystadlaethau unigol yn y Gemau Olympaidd, sef Lauren wrth gwrs, Jade Jones (**gweler tudalen 54**) a Nicole Cooke (**gweler tudalen 60**). Trodd Lauren yn broffesiynol yn 2022 ac ym mis Mai 2024 daeth yn Bencampwraig y Byd.

GERAINT THOMAS

Y Cymro a feiciodd i frig ei gamp

Geni: Caerdydd, 25 Mai 1986

Chwaraeon: beicio (ffordd a thrac)

Prif glybiau: Team Sky/Ineos Grenadiers, Barloworld, Clwb Seiclo Iau Maindy Flyers /CC Cardiff

Prif wobrau:

- Enillydd Tour de France
- Medal aur Olympaidd x 2
- Medal aur Pencampwriaethau'r Byd x 3
- Medal aur Pencampwriaethau Rasio Ffordd Cenedlaethol Prydain
- Enillydd Pencampwriaethau Treialon Amser Cenedlaethol
- Gwobr Personoliaeth Chwaraeon y Flwyddyn Prydain

1

Nid oes llawer o Gymry wedi serennu wrth seiclo, ond mae'r hynod dalentog **Geraint Thomas** wedi profi ei fod yn un o'r beicwyr gorau yn y byd ar y ffordd a'r trac.

2

Ar ôl i'w dad ei ddysgu i feicio ar feic ail-law, syrthiodd Geraint mewn cariad â'r gamp. Yn 10 oed, ymunodd â Chlwb Seiclo Iau Maindy Flyers. Yn fuan iawn roedd yn ennill rasys a daeth ei dalent a'i ymroddiad yn amlwg. Roedd wrth ei fodd yn teithio o amgylch y wlad ar ei feic, a datblygodd ei ffitrwydd wedi iddo dreulio oriau yn beicio mynyddoedd de Cymru, hyd yn oed mewn tywydd oer a gwlyb.

Gwella wrth golli

Er i Geraint orffen yn safle 140 yn ei Tour de France gyntaf, roedd y ras yn bwysig iawn i'w ddatblygiad. Ar ôl y ras dywedodd, "Doedd gen i ddim bwriad dod oddi ar y beic. Ro'n i isie cyrraedd y diwedd... Roedd gorffen yn hwb mawr i fy hyder."

3

Yn ei arddegau, cafodd Geraint wahoddiad gan Beicio Prydain i fod yn rhan o'u hacademi datblygu. Enillodd sawl ras fawr, gan brofi o fewn dim ei fod yn haeddu'r fraint honno.

4

Llwyddiant mewn beicio trac gafodd Geraint i ddechrau. Roedd yn aelod o dîm arwrol Prydain a ddaeth i'r brig yng Ngemau Olympaidd 2008 a 2012 lle'r oedd yn rhaid i bedwar beiciwr gystadlu gyda'i gilydd am 4 km (2.5 milltir) yn erbyn tîm arall.

Cwympo, cleisio a mwy...

Mae beicio yn beryglus ac mae Geraint wedi cael sawl anaf!

- Bu'n rhaid iddo dynnu ei sblin yn 2005 ar ôl damwain.
- Torrodd ei belfis a'i drwyn yn 2009.
- Torrodd bont ei ysgwydd yn 2017.
- Torrodd ei belfis eto yn 2020.

5

Er bod hyn yn anhygoel, breuddwyd Geraint oedd cael beicio yn y Tour de France. Dyma'r digwyddiad mwyaf yn y byd beicio, ac mae'r ras yn enwog am fod yn galed ac yn heriol – mae 4 wedi marw wrth gystadlu. Daeth cyfle Geraint yn 2007, ac ef oedd y Cymro cyntaf i gymryd rhan yn y ras ers Colin Lewis yn 1967.

6

Ni chafodd Geraint fawr o hwyl arni wedi iddo orffen yn safle 140 o'r 141 wnaeth gwblhau'r ras – ond ef, yn 21 oed, oedd beiciwr ieuengaf y gystadleuaeth. Ond rhaid cofio bod gorffen y Tour de France yn dipyn o lwyddiant, o ystyried na wnaeth 48 o feicwyr gyrraedd y llinell derfyn, hyd yn oed. Dros y blynyddoedd wedyn, datblygodd Geraint a daeth yn aelod pwysig o Team Sky a wnaeth helpu'r beiciwr enwog Chris Froom i ennill y ras bedair gwaith.

Oeddet ti'n gwybod?

Y Tour de France ydy un o ddigwyddiadau anoddaf y byd chwaraeon. Dechreuodd yn 1903, ac mae'n para tair wythnos. Mae beicwyr pob tîm yn gweithio'n agos gyda'i gilydd am y ras sy'n 3,600 cilomedr, ar gyfartaledd, sef rhyw (2,000 milltir)! Does dim llawer o feicwyr yn gallu beicio mynyddoedd serth a ffyrdd gwastad, hir cystal â'i gilydd. Mae ennill y ras yn freuddwyd i bob beiciwr!

7

Yn 2018, tro Geraint oedd hi i ddisgleirio – ef ydy'r Cymro cyntaf erioed i ennill y Tour de France a dim ond y trydydd beiciwr o Brydain. Roedd ei lwyddiant yn fwy rhyfeddol fyth gan nad oes llawer o feicwyr yn arbenigo mewn beicio trac a beicio ffordd. Mae Geraint yn un o athletwyr mwyaf poblogaidd Cymru oherwydd ei bersonoliaeth hoffus a'i lwyddiannau anhygoel dros y blynyddoedd.

CHRIS HALLAM

Athletwr paralympaidd arloesol

Geni: Swydd Derby, 31 Rhagfyr 1962

Marw: 16 Awst 2013

Chwaraeon: rasio cadair olwyn, nofio

Nofio:
- Medal aur Gemau Paralympaidd
- Medal arian Gemau Paralympaidd

Rasio cadair olwyn:
- Medal efydd Gemau Paralympaidd x 2
- Enillydd Marathon Llundain i gadeiriau olwyn x2
- Record byd x 2
- Enillydd y Great North Run i gadeiriau olwyn x 4

Gwobrau eraill:
- Enillydd Personoliaeth Chwaraeon Anabledd y Flwyddyn yn 1986

1

Ganwyd **Chris Hallam** yn Lloegr ond cafodd ei fagu yng Nghwmbrân. Byddai ei ddamwain yn 17 oed wedi gallu chwalu ei yrfa mewn chwaraeon, ond fe wnaeth ei ysgogi i fod yn fwy penderfynol.

Dechreuodd ei yrfa yn y pwll nofio, ac roedd ar fin cael ei ddewis i nofio dros Gymru pan gafodd ddamwain ar ei feic modur wrth deithio i hyfforddi. Roedd wedi ei barlysu o'r frest i lawr.

2

Er bod angen cadair olwyn arno nawr, nid oedd am roi'r gorau iddi ac roedd yn benderfynol o fod yn ysbrydoliaeth i blant anabl. Yn syth ar ôl gadael yr ysbyty, dechreuodd sesiynau codi pwysau a nofio.

Yn gryf ac yn glyfar

Nid ei gyhyrau yn unig oedd o ddefnydd i Chris ond roedd hefyd yn defnyddio ei ymennydd. Astudiodd dechneg athletwyr eraill yn ofalus ar fideo, a dysgu ganddyn nhw er mwyn gwella ei hun.

3

Enillodd Chris ei fedal aur gyntaf mewn ras broga 50m yng Ngemau Paralympaidd 1984. Ond mae'n fwy adnabyddus am rasio cadair olwyn. Roedd ei freichiau a'i ysgwyddau pwerus, ar ôl blynyddoedd o nofio a chodi pwysau, yn fantais fawr iddo wrth wthio ei gadair olwyn. Yn 1985 a 1987 enillodd Marathon Llundain gan dorri record ddwywaith.

Gwthio ei hun i'r eithaf

- Yn 1997, gwthiodd Chris ei gadair olwyn am 600 milltir mewn 37 diwrnod, i godi arian.
- Llwyddodd i wneud hyn er bod ei arennau yn methu.
- Ddwy flynedd wedyn, rhoddodd ei dad aren iddo er mwyn arbed ei fywyd.

4

Roedd gan Chris bersonoliaeth hwyliog ac roedd wrth ei fodd yn gwisgo gwisgoedd anarferol wrth gystadlu – lycra print llewpard oedd ei ffefryn! Roedd ganddo wallt melyn hir a sbectol haul rhan fwyaf o'r amser – dyma pam y cafodd y llysenw 'Shades'. Cyn hyn, nid oedd y cyfryngau wedi cymryd fawr o sylw o chwaraeon i bobl anabl, ond yn sydyn, roedd ganddyn nhw arwr anarferol a diddorol i ysgrifennu amdano.

5

Fe wnaeth cymeriad lliwgar Chris a'i lwyddiant helpu i newid delwedd chwaraeon pobl anabl. Dywedodd Tanni-Gray Thompson (**gweler tudalen 48**) fod buddugoliaeth Chris ym Marathon Llundain wedi gwneud i rasio cadair olwyn ymddangos yn gyffrous.

6

Roedd Chris hefyd yn ddyn arbennig tu hwnt i'r pwll a'r trac. Yn 1986 a 1997 teithiodd o amgylch Cymru yn ei gadair olwyn i godi arian at ganolfan chwaraeon yng Nghaerdydd a fyddai'n addas i bobl anabl, ac at helpu raswyr ifanc i brynu cadeiriau olwyn. Ar ôl ymddeol, bu'n hyfforddwr llwyddiannus ac roedd yn cefnogi athletwyr ifanc anabl. Yn anffodus, bu Chris farw'n 50 oed, ond byddwn yn cofio ei gyfraniad i chwaraeon anabledd am byth.

Oeddet ti'n gwybod?

Yng Ngemau'r Gymanwlad 1990, roedd yn rhaid i Chris a Tanni Grey-Thompson rannu'r un fest Cymru gan nad oedd chwaraeon anabledd yn cael ei ystyried yn bwysig. Diolch byth, mae athletwyr anabl yng Nghymru yn cael eu trin yn well nawr, ac mae llwyddiant Chris a Tanni yn rheswm enfawr dros hynny.

IRENE STEER

Y Gymraes gyntaf i ennill medal aur yn y Gemau Olympaidd

Geni: Caerdydd, 10 Awst 1889

Marwolaeth: 18 Ebrill 1977

Chwaraeon: nofio

Clwb: Clwb Nofio Menywod Cardiff Premier

Gwobrau

- Medal aur Olympaidd
- Medal aur Pencampwriaethau Prydain
- Medal aur Pencampwriaethau Cymru x 7
- Medal Aur Cymdeithas Nofio Amatur
- Y fenyw gyntaf o Gymru i gael record byd

1

Dechreuodd **Irene Steer** nofio yn 8 oed yn llyn Parc y Rhath, Caerdydd, ac aeth ymlaen i fod y Gymraes gyntaf i ennill medal aur yn y Gemau Olympaidd!

2

Roedd Irene wrth ei bodd â chwaraeon o oed ifanc, a byddai ei thad yn mynd â hi i wylio Caerdydd yn chwarae rygbi. Yna dechreuodd ddilyn pêl-droed hefyd gan gefnogi Dinas Caerdydd. Yn ogystal â nofio, roedd hi'n mwynhau chwarae polo dŵr.

Yn 1907, daeth Irene i'r amlwg ar ôl ennill Pencampwriaeth Cymru, ac enillodd y gystadleuaeth honno am saith mlynedd yn olynol! Yn 1910 daeth yn bencampwraig Prydain, ac yn gyfartal â record y byd am nofio 100 llath* yn y dull rhydd.

*1 llath = 91.4 cm

Y gorau o Gymru

Mae chwe menyw o Gymru wedi ennill medal aur yn y Gemau Olympaidd:

- Irene Steer (nofio, 1912)
- Nicole Cooke (beicio, 2008)
- Jade Jones (taekwondo, 2012 a 2016)
- Elinor Barker (beicio, 2016)
- Hannah Mills (hwylio, 2016 a 2020)
- Lauren Price (bocsio, 2020)

Ffasiwn frenhines

Ar y cyfan dim ond dynion oedd yn nofio pan ddaeth yn boblogaidd yn y 1800au. Ond dros nos daeth nofio merched yn ffasiynol iawn ar ôl i'r Frenhines ddechrau cael gwersi nofio gan hyfforddwr o Sweden, Nancy Edberg.

3

Roedd Irene yn arloesol ym maes chwaraeon menywod. Ni chafodd yr un ferch nofio yn y Gemau Olympaidd tan 1912, ac o'r 2,500 o athletwyr wnaeth gystadlu'r flwyddyn honno, dim ond 50 ohonyn nhw oedd yn fenywod.

Roedd Irene eisiau cynrychioli Prydain yn y cystadlaethau nofio newydd hyn i fenywod, ond roedd llawer yn amau a oedd hi'n ddigon da. A hithau ond yn 157.5cm o daldra, a thraed bach ganddi, nid oedd hi'n edrych fel nofiwr nodweddiadol. Yn nhreialon Prydain ar gyfer Gemau Olympaidd 1912 yn Stockholm, dywedodd rhywun, "Dwyt ti ddim yn disgwyl ennill unrhyw beth gyda'r traed 'na, nag wyt?".

4

Er hyn, cafodd le yn nhîm Prydain a gwnaeth gystadlu yn yr unig ddwy gystadleuaeth nofio i fenywod, sef y 100m dull rhydd a'r ras gyfnewid 4 x 100m.

Roedd nofio cystadleuol y dyddiau hynny yn wahanol iawn. Doedd dim rhesi ar wahân i bob nofiwr, ac yn ystod y dull rhydd 100m, cafodd Irene wrthdrawiad â nofwraig o'r Almaen. Er i'r Gymraes ennill y ras, cafodd ei diarddel ar ôl i'r Almaenwyr gwyno.

Oeddet ti'n gwybod

Roedd Gemau Olympaidd 1912 yn Stockholm yn wahanol iawn i'r Gemau Olympaidd modern. Roedd yna gystadleuaeth tynnu rhaff – tîm o blismyn o Sweden a ddaeth i'r brig. Roedd yna hefyd gystadlaethau pensaernïaeth, llenyddiaeth, cerddoriaeth, paentio a cherflunio.

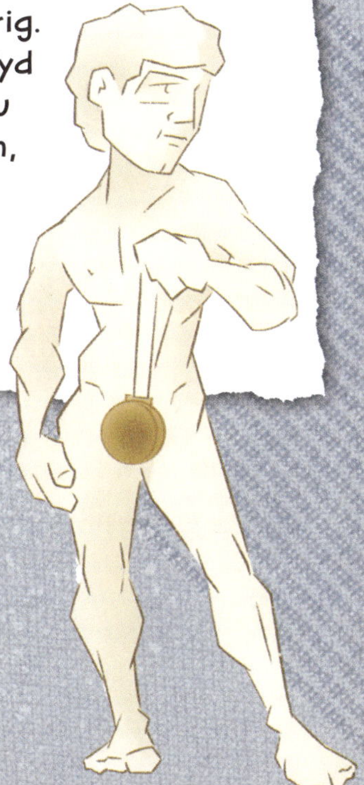

5

Diolch byth, enillodd Irene y ras gyfnewid gyda Jennie Fletcher, Belle Moore ac Annie Speirs, gan guro'r Almaen, Awstria a Sweden yn y rownd derfynol a thorri record byd. Heddiw, mae enillwyr y fedal aur yn rhannu eu llwyddiant a'u hapusrwydd ar gyfryngau cymdeithasol, ond dywedodd Irene ei bod yn teimlo embaras mawr pan oedd yn rhaid iddyn nhw gerdded o amgylch y pwll ar ôl ennill er mwyn i'r gwylwyr gymeradwyo!

6

Irene oedd y ferch gyntaf a'r unig ferch o Gymru i ennill medal aur Olympaidd nes i Nicole Cooke (**gweler tudalen 60**) ddod i'r brig yn 2008, 96 mlynedd yn ddiweddarach.

ALUN WYN JONES

Geni: Abertawe, 19 Medi 1985

Chwaraeon: rygbi'r undeb

Safle: blaenwr ail reng, blaenasgellwr

Prif glybiau: Abertawe, Y Gweilch, Toulon

Capiau dros Gymru: 158

Pwyntiau i Gymru: 45 (o 9 cais)

Capiau dros Llewod Prydain ac Iwerddon: 12

Gwobrau eraill:

- Y chwaraewr rygbi rhyngwladol â'r nifer mwyaf o gapiau
- Enillydd Y Gamp Lawn x 3
- Enillydd Y Chwe Gwlad x 5
- Enillydd Cynghrair Celtaidd/Pro 12 x 3
- Enillydd Cwpan Eingl-Gymreig
- Chwaraewr Gorau'r Chwe Gwlad
- Capten Cymru a Llewod Prydain ac Iwerddon

Y chwaraewr â'r nifer mwyaf o gapiau erioed

1

Mae **Alun Wyn Jones** wedi cael mwy o ddylanwad ar ei wlad nag unrhyw chwaraewr rygbi arall ar draws y byd. Am 17 mlynedd, roedd Alun yn chwaraewr allweddol i Gymru a Llewod Prydain ac Iwerddon.

Pan oedd yn blentyn hyd yn oed, roedd Alun yn gystadleuol iawn ac fe wnaeth hyn ei helpu i lwyddo. Dechreuodd gan chwarae i glybiau lleol fel y Mwmbwls a Bôn-y-maen, ond buan aeth ei yrfa o nerth i nerth ar ôl iddo symud i chwarae i Abertawe ac yna i'r Gweilch.

Dyfal Donc

Ar ddechrau ei yrfa gyda'r Gweilch, dywedodd hyfforddwr Alun ei fod yn "ofnadwy". Dechreuodd Alun ddadansoddi ei gêm yn gyson a swnian ar ei hyfforddwyr am gyngor ar sut i wella. Dangosa hyn fod hyd yn oed y gorau yn methu weithiau.

2

Chwaraeodd Alun ei gêm gyntaf i Gymru yn 2006 yn y safle blaenasgellwr. Ond fel blaenwr ail reng roedd o wir yn serennu. Roedd Alun yn gryf, yn athletaidd ac yn benderfynol tan y chwiban olaf, waeth beth fyddai'r sgôr. Ni ddangosai unrhyw ofn ar y cae ac roedd yn adnabyddus fel un anodd i chwarae yn ei erbyn. Byddai'n ysbrydoli ei gyd-chwaraewyr trwy fod ynghanol pob symudiad ar y cae.

3

Yn ystod ei yrfa hir, dysgodd Alun sut i arwain, gan gadw llygad ar bob chwaraewr ar y cae. Oherwydd hynny a'i angerdd dros ennill, cafodd ei ddewis yn gapten y Gweilch, Cymru a Llewod Prydain ac Iwerddon. Enillodd dair Camp Lawn gyda Chymru, tair Pencampwriaeth gyda'r Gweilch, ac aeth ar daith gyda'r Llewod bedair gwaith.

4

Hyd yn oed yn ei dymor olaf, ar ôl ugain mlynedd o chwarae'n broffesiynol, roedd Alun yn dal i redeg mor gyflym ag y gallai wrth hyfforddi er mwyn curo'r dynion eraill. Roedd ei ymdrech galed bob dydd yn gorfodi ei gyd-chwaraewyr i drio eu gorau glas er mwyn cyrraedd ei safonau, gan helpu i greu diwylliant cystadleuol yn y tîm.

Oeddet ti'n gwybod?

- Pan wnaeth Alun ymddeol yn 2023, roedd Cymru wedi cael 772 o gemau prawf.
- Chwaraeodd Alun mewn 158 o'r gemau hynny, sy'n golygu ei fod wedi bod yn rhan o 20% neu dros $^1/_5$ o gemau Cymru dros 142 mlynedd!
- Dyna record anodd iawn i'w thorri.

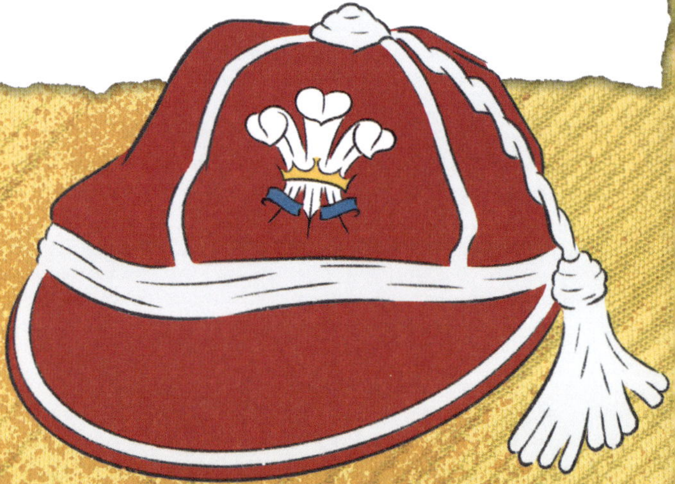

Hir yw pob aros

Yn nyddiau cynnar rygbi rhyngwladol, prin y byddai Cymru yn chwarae mwy na thair gêm y flwyddyn. Pe byddai Alun wedi chwarae ym mhob gêm Cymru o 1881, byddai wedi cymryd hyd at 1933 iddo ennill 158 o gapiau!

5

Bu Alun yn gapten ar Gymru 48 gwaith cyn ymddeol a symud i Ffrainc i chwarae rygbi clwb. Yn 2023, yn ei gêm olaf yng Nghaerdydd, sgoriodd gais yn erbyn Cymru wrth chwarae i dîm o sêr y Barbariaid.

CATH PENDLETON

1

Mae nofio iâ yn gamp eithafol lle mae'n rhaid nofio mewn dŵr o dan 5°C a hynny heb siwt wlyb! Brrrr! Mae **Cath Pendleton** yn un o'r goreuon yn y byd am nofio iâ. Hi ydy'r person cyntaf erioed i nofio Milltir Iâ yng Nghylch Pegynol yr Antarctig, ac mae ganddi Record Byd Guinness am fod y nofwraig sydd wedi nofio bellaf i'r de.

Môr-forwyn Merthyr

Geni: Troed-y-rhiw, Merthyr Tudful, 8 Mawrth 1972

Sports: nofio iâ, nofio dŵr agored

Cynrychioli: Tîm Prydain Fawr

Gwobrau:

- Record Byd
- Medal efydd ym Mhencampwriaethau Nofio Iâ'r Byd
- Y person cyntaf i nofio milltir y tu mewn i Gylch Pegynol yr Antarctig
- Y Gymraes gyntaf i nofio Milltir Iâ swyddogol

2

Mae Cath, sy'n fam i ddau o blant ac yn gweithio i'r GIG, yn hyfforddi ar gyfer ei heriau nofio rhyfeddol mewn rhewgell fawr sy'n llawn rhew a dŵr yn ei sied. Mae'n eistedd ynddo am hyd at 15 munud tua thair gwaith yr wythnos! Yn y gaeaf mae Cath yn nofio ym mhwll Pen-ffordd-goch ger Blaenafon hyd at bedair gwaith yr wythnos.

3

Dechreuodd Cath nofio yn bedair oed ac roedd wrth ei bodd yn nofio mewn afonydd pan oedd hi'n blentyn. Yn 2013 fe wnaeth nofio mewn dŵr agored am y tro cyntaf. Ddwy flynedd yn ddiweddarach dechreuodd nofio iâ, ac erbyn 2020 roedd yn creu hanes yng Nghylch Pegynol yr Antarctig, lle'r oedd tymheredd y dŵr yn 0.03°C a thymheredd yr aer yn -3.20°C. Fe wnaeth hi dreulio 32 munud, 54 eiliad yn y dŵr heb unrhyw ddillad nofio arbennig i'w chadw'n gynnes – am anhygoel!

Chwarae'n troi'n chwerw

Nid yn y môr yn unig rwyt ti'n gallu nofio iâ neu nofio gaeaf, ond mewn llynnoedd, pyllau ac afonydd hefyd. Mae'n beryglus iawn – pan fydd athletwyr yn cystadlu, rhaid iddyn nhw ddilyn rheolau llym ac mae meddygon yno bob amser rhag ofn i unrhyw beth fynd o'i le.

4

Cyn dechrau ar ei hymgais i dorri record byd, roedd yn rhaid i Cath aros i forfilod orca ddiflannu o'r golwg. Am anhygoel!

Cadw at ei gair

Pan oedd hi'n blentyn, fe wnaeth Cath addo i'w hewythr y byddai'n nofio'r Sianel. Bu'n hyfforddi am ddwy flynedd cyn nofio'r 21 milltir (34 km) mewn 16 awr a 45 munud. Casglodd lawer o arian at elusen.

7

Er ei llwyddiant anhygoel, nid ydy Cath yn ystyried ei hun yn athletwr, dim ond fel rhywun sy'n mwynhau nofio iâ. Mae'r rhan fwyaf o bobl yn anghytuno ac yn meddwl ei bod hi'n arwr chwaraeon anhygoel.

5

Nid hynny'n unig y mae Cath wedi'i gyflawni. Cafodd ei dewis i gynrychioli Prydain ym Mhencampwriaethau Nofio Iâ'r Byd yn Rwsia, lle enillodd fedal efydd yn ei chategori oedran. Mae Cath hefyd wedi nofio ar draws y Sianel ar ei phen ei hun.

8

Felly y tro nesaf y byddi di'n gwingo wrth drochi bysedd dy draed yn y pwll lleol, meddylia am Cath a phlymio i mewn dros dy ben a dy glustiau!

6

Un o jôcs Cath ydy: "Os wyt ti eisiau 'ngwneud i'n hapus, ychwanega ddŵr oer!". Mae eisiau bod yn fodel rôl gan ysbrydoli eraill i fwynhau cyffro a manteision iechyd nofio mewn dŵr oer.

Oeddet ti'n gwybod?

- Mae bodau dynol wedi bod yn nofio ers miloedd o flynyddoedd.
- Mae paentiadau 10,000 o flynyddoedd oed mewn ogof yn yr Aifft yn dangos pobl yn padlo!
- Yn India, mae archeolegwyr wedi dod o hyd i bwll nofio o 2,800CC!

LIZA BURGESS

Sylfaenydd ac arweinydd rygbi merched

Geni: Casnewydd, 24 Mawrth 1964

Chwaraeon: rygbi'r undeb

Safle: rhif 8

Prif glybiau: Prifysgol Loughborough, Wasps, Saracens, Clifton

Capiau dros Gymru: 87

Pwyntiau: 29 (o 6 chais)*

Capiau dros Brydain: 6

Gwobrau:

- Capten cyntaf erioed tîm menywod Cymru
- Wedi chwarae mewn pedwar Cwpan y Byd
- Y cyntaf i ennill y gynghrair deirgwaith yng Nghymru
- Wedi helpu i sefydlu tîm menywod y Saracens
- Aelod o Oriel Anfarwolion Rygbi'r Byd

*Nid ydy'r pwyntiau yn gwbl glir o'r cyfnod yma (dydy Liza ddim yn siŵr hyd yn oed), ond maen nhw'n weddol agos ati!

1

Efallai mai **Liza 'Bird' Burgess** ydy'r person pwysicaf yn hanes rygbi merched yng Nghymru. Helpodd i sefydlu tîm menywod Cymru yn 1987 ac mae wedi bod yn gefn iddyn nhw ers hynny.

Pan oedd hi'n ifanc, roedd Liza wrth ei bodd â chwaraeon, yn enwedig hoci a phêl-fasged. Roedd hi hefyd yn mwynhau gwylio rygbi, ond nid oedd cyfleoedd i ferched ifanc chwarae yng Nghymru bryd hynny. Ond newidiodd ei bywyd am byth pan gafodd flas ar y gamp am y tro cyntaf yn y brifysgol. Unwaith iddi ddechrau chwarae, roedd hi wedi gwirioni.

Chwaraewr â chalon fawr

Pan chwaraeodd Cymru a Lloegr yn 1987, doedd dim arian ar gyfer llety. Yn garedig, cynigiodd Liza i 12 chwaraewr, o dimoedd Cymru a Lloegr, aros yn nhŷ ei rhieni ar ôl y gêm!

Chwythu'r chwiban

Gan fod y dynion yn chwarae ar ddydd Sadwrn, byddai gemau'r merched fel arfer ar ddydd Sul. Ond roedd rhai rheolau rhyfedd ar y diwrnod hwnnw. Pan helpodd Liza i sefydlu Saracens, bu'n rhaid iddi fynd i'r llys i newid hen gyfraith leol oedd yn dweud nad oedd hawl chwythu chwiban ar ddydd Sul!

2

Yn 1986, chwaraeodd Liza yn y gêm ryngwladol gyntaf erioed yn y Deyrnas Unedig i ferched: Prydain yn erbyn Ffrainc. Roedd yn rhaid i'r chwaraewyr drefnu'r gêm eu hunain. Dim ond munudau cyn y gic gyntaf y cyrhaeddodd crysau Prydain. Roedden nhw'n rhy fawr ac roedd yn rhaid i'r merched roi tâp o amgylch eu llewys wrth chwarae.

3

Flwyddyn yn ddiweddarach, fe wnaeth Cymru a Lloegr ffurfio eu timau eu hunain gan chwarae yn erbyn ei gilydd am y tro cyntaf ym Mhont-y-pŵl. Roedd Liza yn falch o gael ei dewis yn gapten ar y Dreigiau (a hynny mewn 61 o gemau)! Collodd Cymru 22–4, ond Liza wnaeth sgorio unig gais ei thîm.

Oeddet ti'n gwybod?

- Llun o dîm Menywod Caerdydd yn chwarae yn erbyn Casnewydd ar 15 Rhagfyr 1917 ydy'r llun hynaf yn y byd o dîm rygbi menywod, hyd y gwyddwn ni.
- Roedden nhw'n codi arian at filwyr y Rhyfel Byd Cyntaf.
- Roedd y rhan fwyaf o chwaraewyr Caerdydd yn gweithio mewn bragdy ac roedd chwaraewyr Casnewydd yn gweithio i gwmni dur.
- Dywedodd un o'r chwaraewyr, "Roedd yn rhaid i ni stopio pan ddaeth y dynion yn ôl o'r rhyfel, a oedd yn drueni. Cawson ni gymaint o hwyl."

4

Roedd llawer o bobl yn meddwl na ddylai merched chwarae rygbi o gwbl. Doedd ganddyn nhw ddim cyfleusterau nac arian ar gyfer cit. Roedd teithio hefyd yn her iddyn nhw.

Helpodd Liza i drefnu'r timau y bu'n chwarae iddyn nhw. Yn 1989 aeth ati i berswadio'r Saracens i sefydlu tîm menywod. Cawson nhw lwyddiant mawr ac mewn un tymor enillon nhw'r gynghrair genedlaethol, y cwpan a'r twrnamaint saith bob ochr!

5

Yn 1991, Liza oedd capten Cymru yn y Cwpan y Byd cyntaf erioed i ferched. Chwaraeodd dros Gymru am 20 mlynedd, ac ar ôl ymddeol ar y cae, dechreuodd hyfforddi timau iau a hŷn Cymru.

6

Yn 2018, cafodd Liza ei henwi yn Oriel Anfarwolion Rygbi'r Byd. Dyma'r tro cyntaf i ferch o Gymru gyflawni hyn.

JIMMY WILDE

Paffiwr mwyaf pwerus Cymru

Geni: Mynwent y Crynwyr, Merthyr Tudful, 15 Mai 1892

Marw: 10 Mawrth 1969

Chwaraeon: bocsio

Pwysau: pwysau pry, pwysau bantam

Record broffesiynol: ennill 132, colli 4, cyfartal 1*

Prif wobrau

- Pencampwr Pwysau Pry'r Byd
- Pencampwr Pwysau Pry Ewrop
- Pencampwr Pwysau Pry Prydain
- Oriel Anfarwolion Chwaraeon Cymru
- Oriel Anfarwolion cylchgrawn Ring
- Oriel Anfarwolion Bocsio Rhyngwladol

* Nid ydy'r union ystadegau o'r cyfnod hwn yn bendant, ond maen nhw'n agos ati!

1

Er mai dim ond 157cm o daldra oedd **William James Wilde**, mae'n gawr yn hanes paffio Cymru, Prydain a hyd yn oed y byd. Gyda'i lysenwau 'The Mighty Atom', 'The Tylorstown Terror' a'r 'Ghost with the Hammer in his Hand', mae'n cael ei adnabod fel y bocsiwr pwysau pry (49–51kg) gorau erioed. Er ei bŵer anhygoel, nid aeth dros 49kg erioed, ac yn ôl rhai, byddai weithiau'n cael ei bwyso cyn gornest gyda cherrig yn ei bocedi er mwyn ei wneud yn drymach, neu ni fyddai wedi cael ymladd.

2

Pan oedd yn blentyn, roedd Jimmy yn gweithio mewn pwll glo, fel gwnaeth ei dad. Roedd yn gallu gweithio mewn llefydd cyfyng – llefydd oedd yn rhy fach i eraill. Ond yn 15 oed, cafodd anaf difrifol i'w goes ac nid oedd yn gallu gweithio am flwyddyn. Oherwydd hyn hefyd, ni chafodd ymuno â'r Fyddin yn y Rhyfel Byd Cyntaf, ond ar ôl dyfalbarhau cafodd ei dderbyn fel hyfforddwr Addysg Gorfforol.

Anrhydedd Oriel Anfarwolion

- Cafodd Oriel Anfarwolion Bocsio Rhyngwladol (IBHOF) ei sefydlu yn Efrog Newydd yn 1990.
- Jimmy oedd un o'r bocswyr cyntaf i gael ei anrhydeddu gyda sêr fel Muhammad Ali, Joe Louis a Joe Frazier.
- Yn 1992, fe wnaeth Jimmy ymddangos yn Oriel Anfarwolion Chwaraeon Cymru.

Paffiwr peryglus

Heddiw, mae awduron a haneswyr paffio yn dal i ystyried Jimmy yn un o'r bocswyr gorau erioed. Roedd ei dechneg, ei amseru a'i bŵer yn caniatáu iddo daro'n llawer caletach na dynion eraill o'r un maint. Yn ôl y cylchgrawn bocsio enwog *Ring*, ef ydy'r trydydd gorau yn y byd am daro ergyd.

3

Cyn cael gyrfa broffesiynol, roedd Jimmy yn bocsio mewn ffeiriau yn erbyn unrhyw un a oedd yn awyddus i'w herio – weithiau byddai'n cael 25 gornest mewn un noson hyd yn oed! Yn ôl y sôn, roedd yn curo dynion dwywaith ei bwysau, er ei gorff tenau.

4

Enillodd 137 gornest broffesiynol – 98 trwy lorio'i wrthwynebydd – a dim ond pedair gwnaeth eu colli erioed. Yn ôl Jimmy, fe wnaeth ymladd dros 800 o weithiau mewn cystadlaethau a ffeiriau. Yn wahanol i heddiw, roedd paffwyr bryd hynny'n ymladd yn gyson, a oedd yn ddrwg iawn i'w corff a'u meddwl. Unwaith gwnaeth Jimmy ymladd dwy ornest broffesiynol mewn un diwrnod ac enillodd y ddwy ohonyn nhw trwy lorio'i wrthwynebydd! Enillodd 103 o gystadlaethau proffesiynol cyn iddo golli ei ornest gyntaf – dyma'r trydydd rhediad hiraf heb golli mewn bocsio.

5

Yn 1916, daeth Jimmy yn Bencampwr Pwysau Pry'r Byd – ef oedd y person cyntaf i ennill y teitl yn swyddogol ac enillodd lawer o deitlau Prydeinig ac Ewropeaidd hefyd. Fe wnaeth ymddangos yn Oriel Anfarwolion Bocsio Rhyngwladol gan ei fod mor llwyddiannus. Er hyn, treuliodd ei flynyddoedd olaf mewn tlodi. Yn anffodus gwnaeth rywun ymosod arno ac ni wnaeth erioed wella o'i anafiadau. Bu farw bedair blynedd wedyn yn 76 oed.

Oeddet ti'n gwybod?

Cyn belled yn ôl â dechrau'r 18fed ganrif, roedd cystadlaethau bocsio mewn ffeiriau teithiol lle'r oedd modd herio chwaraewyr proffesiynol i ennill gwobrau. Er byddai cadw at y candi-fflos a'r ceir bach wedi bod yn dipyn mwy diogel!

6

Mae Jimmy yn un o'r athletwyr Cymreig sy'n cael ei edmygu fwyaf ledled y byd ac mae'n dal i ymddangos yn aml ar restrau'r Deg Bocsiwr Gorau Erioed.

JOHN CHARLES

Geni: Cwmbwrla, Abertawe, 27 Rhagfyr 1931

Marw: 21 Chwefror 2004

Chwaraeon: pêl-droed

Safle: canolwr blaen, canolwr cefn

Prif glybiau: Dinas Abertawe (Ieuenctid), Leeds United, Juventus, Roma, Dinas Caerdydd, Hereford United, Merthyr Tudful

Goliau clwb: 370

Capiau dros Gymru: 38

Goliau i Gymru: 15

Timau fel rheolwr: Hereford United, Merthyr Tudful, Hamilton Steelers

Prif wobrau:

- Enillydd Serie A x 3
- Enillydd y Cwpan Eidalaidd x 2
- 3ydd Ballon d'Or (y safle uchaf erioed i Gymro)
- Yn 2003, wedi'i ddewis fel y chwaraewr gorau dros y 50 mlynedd diwethaf yng Nghymru
- Oriel Anfarwolion Pêl-droed
- Oriel Anfarwolion Chwaraeon Cymru

Y Cawr Addfwyn

1

Roedd **John Charles** yn un o athletwyr gorau Cymru. Mae'n dal i gael ei addoli ledled y byd pêl-droed – yn enwedig yn yr Eidal, lle dangosodd ei ddoniau gyda Juventus.

2

Dechreuodd chwarae i Ddinas Abertawe, cyn symud i Leeds United ar ôl i sgowt ei weld yn chwarae pêl-droed yn y parc. Ar y dechrau, chwaraeodd John yn yr amddiffyn, ond ar ôl cael ei symud yn ganolwr blaen dechreuodd sgorio yn rheolaidd – diolch i'w gyflymder rhyfeddol, ei bŵer, ei reolaeth dros y bêl a'i allu i benio. Yn 18 oed, cafodd John gap dros Gymru. Bu'n gapten ar Leeds ac fe wnaeth arwain y tîm at ddyrchafiad. Sgoriodd 157 gôl yn ei gyfnod yno o 1949 i 1957. John ydy ail sgoriwr uchaf y clwb erioed.

Dinistr a'r dyfodol

- Yn 1956, cafodd Stand Gorllewinol Leeds United ei ddinistrio gan dân.
- Talwyd am y gwaith ailadeiladu gyda'r arian a gafodd Leeds am werthu John.
- Pan fu farw, cafodd ei ailenwi'n 'Stand John Charles'.

3

Ond mae'n fwyaf enwog am gael ei brynu yn 1957 am bris wnaeth dorri record gan Juventus, sef prif dîm pêl-droed yr Eidal. Prin oedd chwaraewyr o Brydain yn symud i'r Eidal bryd hynny, ond daeth yn arwr yno wedi iddo gofleidio eu ffordd o fyw a'u hiaith. Gan chwarae yn y blaen ac yn yr amddiffyn, helpodd Juventus i ennill tri theitl cynghrair a dau deitl cwpan, gan sgorio 108 gôl! Yn ei dymor cyntaf, cafodd ei ddewis yn chwaraewr y tymor ac roedd yn brif sgoriwr y gynghrair.

4

Roedd John yn hyfforddwr brwdfrydig a'r olaf i adael y sesiwn ymarfer bob dydd. Roedd ei ymarferion yn unigryw: fe wnaeth berffeithio ei allu i benio trwy neidio a chyffwrdd ei ben ar y trawst!

5

Yn yr Eidal, roedd cefnogwyr yn ei alw'n *Il Gigante Buono* (Y Cawr Addfwyn) gan na wnaeth erioed golli ei dymer ar y cae, er bod gwrthwynebwyr yn trio tynnu blewyn o'i drwyn! Ni chafodd y Cymro addfwyn erioed gerdyn melyn na choch yn ystod ei yrfa. Dywedwyd unwaith pe bai pawb yn chwarae mor deg ag ef, ni fyddai angen dyfarnwyr o gwbl.

Oeddet ti'n gwybod?

Chwaraeodd John yng Nghwpan y Byd 1958 gyda'i frawd iau, Mel, a enillodd 31 cap dros Gymru. Dyma'r tro olaf i Gymru chwarae yn y twrnamaint tan 2022.

Edmygedd yr Eidal

Yn 1997, dewisodd cefnogwyr pêl-droed yr Eidal John fel y chwaraewr tramor gorau erioed i chwarae yn y wlad. O ystyried iddo adael yr Eidal 34 mlynedd ynghynt, roedd hyn yn dipyn o glod!

6

Enillodd John 38 cap dros Gymru, gan sgorio 15 gôl, a chwaraeodd yng Nghwpan y Byd 1958. Yn anffodus, cafodd ei anafu'n fwriadol gan dîm Hwngari ac nid oedd yn gallu chwarae yn eu gêm nesaf yn erbyn Brasil. Mae llawer yn teimlo bod hyn wedi difetha cyfle Cymru yn y bencampwriaeth. Aeth ymlaen i chwarae i Roma, Dinas Caerdydd, Hereford United a Merthyr Tudful cyn ymddeol i Leeds.

7

Dywedodd y rheolwr pêl-droed gwych Syr Bobby Robson, "Nid yn unig oedd John yn un o'r pêl-droedwyr gorau erioed, roedd yn un o'r dynion gorau erioed i chwarae'r gêm."

COLIN JACKSON

Neidio i'r brig

Geni: Caerdydd, 18 Chwefror 1967

Chwaraeon: athletau (clwydi, sbrintio)

Clwb: Clwb Athletau Aberhonddu

Prif wobrau:

- Medal arian yn y Gemau Olympaidd
- Medal aur ym Mhencampwriaethau'r Byd x 2
- Medal aur ym Mhencampwriaethau Dan Do'r Byd
- Medal aur ym Mhencampwriaethau Ewrop x 4
- Medal aur ym Mhencampwriaethau Dan Do Ewrop x 4
- Medal aur yng Ngemau'r Gymanwlad x 2
- Torri record byd
- Personoliaeth Chwaraeon y Flwyddyn Cymru x3

1

Mae **Colin Jackson** ymhlith yr enwocaf ym maes athletau Cymru a Phrydain, wedi iddo ennill llu o fedalau mewn sawl twrnamaint mawr, a chystadlu mewn rasys 110m dros y clwydi, 60m dros y clwydi a'r ras gyfnewid 4 x 100m.

2

Cafodd Colin ei eni yng Nghaerdydd yn 1967 a daw ei deulu o Jamaica. Yn ifanc, roedd wrth ei fodd yn chwarae criced ac roedd yn gapten ar dîm ei ysgol. Ond yn 13 oed, ni chafodd ei ddewis i dîm criced cenedlaethol Cymru ar gyfer ei grŵp oedran. Cred Colin fod hyn oherwydd lliw ei groen. Er bod hyn yn golled enfawr i griced, roedd y byd athletau ar ei ennill.

Y dreigiau coch yn cael cam

Cred Colin na chafodd ei ddewis i dimau Prydain am ei fod yn Gymro. Dywedodd, "Ro'n i'n gyntaf neu'n ail yn y wlad ond roedd rhedwyr Lloegr i'w weld yn cael ychydig bach o ffafriaeth."

3

Ar ddechrau ei yrfa, rhoddodd Colin gynnig ar y decathlon (cystadlu mewn deg gwahanol gamp trac a maes), cyn canolbwyntio ar y clwydi uchel. Fe dalodd ar ei ganfed. Yn 21 oed, enillodd Colin fedal arian yng Ngemau Olympaidd Seoul 1988. Daeth yn Bencampwr Ewropeaidd bedair gwaith, yn Bencampwr y Gymanwlad ddwywaith ac yn Bencampwr Byd ddwywaith. Colin hefyd oedd yr athletwr cyntaf o Brydain i adennill teitl byd ar ôl ei golli, ac roedd ganddo'r record byd yn y 110m am 13 mlynedd a'r 60m am 27 mlynedd.

4

Torrodd Colin sawl record byd, Ewrop, Prydain a'r Gymanwlad. Roedd yn dechrau ei ras yn gyflym fel mellten ac yn ymestyn ei gorff dros y llinell derfyn er mwyn ennill o drwch blewyn. Rhwng 1993 a 1995, enillodd Colin 44 ras yn olynol! Doedd dim stop arno!

5

Yn anffodus, ni lwyddodd Colin gipio'r fedal aur yn y Gemau Olympaidd. Roedd pawb wedi gobeithio y byddai'n dod i'r brig yn 1992, yn enwedig ar ôl iddo wibio trwy ei ragras gyntaf. Er hyn, cafodd anaf ar ôl peidio â chynhesu'n iawn a gorffennodd yn seithfed yn y rownd derfynol. Yn rhwystredig, roedd ei amser yn y rhagras gyntaf yn gyflymach nag amser enillydd y fedal aur yn y rownd derfynol.

6

Mae llawer yn ei ystyried yn un o'r athletwyr gorau erioed na wnaeth ennill medal aur yn y Gemau Olympaidd. Ar ôl ymddeol, mae Colin wedi gweithio fel hyfforddwr a darlledwr. Yn 2005 daeth yn ail ar *Strictly Come Dancing* a chipiodd y drydedd wobr ar *Dancing on Ice* yn 2021.

Oeddet ti'n gwybod?

Yn ôl pob sôn, dechreuodd y gamp neidio dros glwydi yn Lloegr ar ddechrau'r 19eg ganrif. Yn 1935, cafodd y clwydi modern eu dyfeisio. Maen nhw wedi eu cynllunio i gwympo'n ddiogel os ydy athletwr yn eu taro, er mwyn osgoi anafiadau.

Neidio o ddinas i ddinas

Isod mae rhestr o rai o'r dinasoedd yr enillodd Colin fedalau ynddyn nhw. Wyt ti'n gwybod ym mha wlad maen nhw?

Caeredin, Paris, Athen, Budapest, Maebashi, Rhufain, Munich, Yr Hag, Auckland, Manceinion, Helsinki, Seoul, Liévin, Stuttgart, Toronto

NON EVANS

Gwyrth amldalentog o Gymru

1

Non Evans ydy un o'r athletwyr gorau o Gymru erioed. Mae rhai yn ei hadnabod orau fel seren rygbi, rhai fel codwr pwysau neu godwr pŵer, eraill fel arbenigwr jiwdo neu reslo.

2

Roedd hi'n llawn egni o'r eiliad y cafodd ei geni. Dim ond naw mis oed oedd hi pan ddechreuodd hi gerdded am y tro cyntaf, ac yn fuan wedyn, roedd hi'n rhedeg i bob man. Cafodd ei llwyddiant cyntaf yn jiwdo – camp a ddechreuodd yn ddeg oed. Yn ei harddegau, enillodd gystadlaethau yng Nghymru ac ym Mhrydain cyn cipio medal arian ym Mhencampwriaethau Jiwdo'r Gymanwlad.

3

Yn y brifysgol, dechreuodd Non chwarae rygbi, ac o fewn dim, roedd yn chwarae dros Gymru. Rhywsut, cafodd amser hefyd i ennill pencampwriaeth codi pŵer ieuenctid y byd!

Geni: Pontarddulais, 20 Mehefin 1974

Chwaraeon: rygbi'r undeb, jiwdo, codi pwysau, reslo dull rhydd, codi pŵer

Safle rygbi: cefn, asgell, canol cael

Capiau dros Gymru: 87

Pwyntiau: 489 (yn cynnwys 64 cais)

Jiwdo:

- Medal arian ym Mhencampwriaethau Jiwdo'r Gymanwlad x 2

Codi pwysau:

- Medal aur ym Mhencampwriaethau Codi Pwysau Cymru
- Medal aur ym Mhencampwriaethau Prydain

Reslo:

- Medal aur ym Mhencampwriaethau Reslo Cymru
- Medal arian ym Mhencampwriaethau Reslo Prydain

Codi Pŵer:

- Medal aur ym Mhencampwriaethau Codi Pŵer Ieuenctid y Byd

Gwobrau eraill:

- Y fenyw gyntaf i gystadlu mewn tair gwahanol gamp yng Ngemau'r Gymanwlad
- Wedi ei dewis ar gyfer tîm rygbi XV y byd

4

Yna newidiodd Non i godi pwysau a daeth yn bencampwr Cymru a Phrydain. Cystadlodd mewn dwy wahanol gamp yng Ngemau'r Gymanwlad 2022: jiwdo a reslo. Roedd hyn yn anhygoel ond yn beryglus, gan fod yn rhaid i Non fod yn bwysau gwahanol i gystadlu yn y ddwy gamp, a hynny'r diwrnod canlynol.

Difaru dim

Nid oedd Non yn gallu bod yn chwaraewr rygbi proffesiynol: ni wnaeth Undeb Rygbi Cymru roi cytundebau llawn amser i fenywod tan 2022. Ond mae Non yn falch, gan fod hyn wedi rhoi'r cyfle iddi gymryd rhan mewn chwaraeon eraill.

5

Mae Non hefyd yn adnabyddus am chwarae rygbi. Enillodd 87 o gapiau dros Gymru a sgorio 64 cais rhyfeddol – mwy nag unrhyw ddyn neu fenyw arall yng Nghymru. Hi ar un adeg hefyd oedd prif sgoriwr rygbi rhyngwladol y menywod. Daeth uchafbwynt ei gyrfa yn 2009 pan sgoriodd gic gosb funud olaf i Gymru – dyma'r tro cyntaf erioed i dîm rygbi menywod Cymru guro Lloegr. Chwaraeodd Non mewn dwy bencampwriaeth Cwpan Rygbi'r Byd i fenywod – un ar ôl torri ei choes mor wael nes i feddygon ddweud wrthi na fyddai byth yn gallu rhedeg eto.

6

Dechreuodd Non reslo hefyd, ac yn 2010, roedd hi'n cystadlu yng Ngemau'r Gymanwlad gyda thîm reslo Cymru yn ogystal ag yng Nghwpan Rygbi'r Byd! Oherwydd hyn, hi oedd y fenyw gyntaf i gystadlu yng Ngemau'r Gymanwlad mewn tair gwahanol gamp.

7

Yn fwy anhygoel fyth, cyflawnodd Non yr holl bethau hyn fel amatur, ac felly roedd yn rhaid iddi weithio'n amser llawn hefyd.

Oeddet ti'n gwybod?

- Reslo ydy un o'r chwaraeon ymladd hynaf.
- Mae tystiolaeth yn profi bod menywod yn reslo yn 330CC!
- Mae hen baentiadau o reslo wedi dod i'r fei mewn ogofâu yn Ffrainc – maen nhw'n 15,000 oed!

Hanes rygbi

Cyn i Non sgorio i guro Lloegr yn 2009, roedd menywod Cymru wedi wynebu Lloegr 24 o weithiau ac wedi colli bob tro. Er iddyn nhw chwarae 40 gêm yn erbyn y Rhosod Cochion (hyd at Ebrill 2025), ddwywaith yn unig mae Cymru wedi ennill.

8

Ar ôl rygbi, gwnaeth Non barhau i lwyddo mewn heriau newydd. Hi oedd y fenyw gyntaf erioed i gyflwyno rygbi ar S4C, a sylwebodd yn y Gemau Olympaidd hefyd. Gwnaeth hyd yn oed gystadlu ar y rhaglen deledu *Gladiators*! Derbyniodd Non MBE yn 2011 – y chwaraewr rygbi benywaidd cyntaf i dderbyn yr anrhydedd.

WILF WOOLLER

Athletwr medrus ym mhob maes

Geni: Llandrillo-yn-Rhos, 20 Tachwedd 1912

Marw: 10 Mawrth 1997

Chwaraeon: criced, rygbi, sboncen, pêl-droed

Clybiau criced: Sir Ddinbych, Prifysgol Caergrawnt, Morgannwg, Marylebone

- Capten ar dîm criced Morgannwg am 14 mlynedd
- Enillydd Pencampwriaeth Sirol
- Dewiswr tîm criced Lloegr

Prif glybiau rygbi: Bae Colwyn, Sales, Prifysgol Caergrawnt, Caerdydd

Safle: canol cae, asgell

Capiau dros Gymru: 18

Pwyntiau: 26 (yn cynnwys 6 chais)

- Capten Cymru
- Wedi curo'r Crysau Duon

Clybiau pêl-droed: Dinas Caerdydd, Tref y Barri

Sboncen: Wedi cynrychioli Cymru

1

Roedd **Wilfred Wooller** yn wych mewn mwy nag un chwaraeon, er iddo golli sawl blwyddyn o'i yrfa oherwydd yr Ail Ryfel Byd – treuliodd lawer ohonyn nhw fel carcharor rhyfel yn Singapore.

2

Chwaraeodd fel canolwr ac asgellwr ar y cae rygbi, a dim ond 20 oed oedd Wilf pan gafodd ei gêm gyntaf dros Gymru yn 1933. Gwnaeth dacl hwyr anhygoel i atal cais, gan sicrhau'r fuddugoliaeth gyntaf erioed i Gymru yn erbyn Lloegr yn Twickenham. Chwaraeodd hefyd yn nhîm 1935 a gurodd Seland Newydd – dim ond tair gwaith erioed mae Cymru wedi llwyddo i drechu'r Crysau Duon.

3

Cafodd Wilf ei ddewis yn gapten dros ei wlad bedair gwaith ac roedd yn enwog am ei gic enfawr, ei sgiliau rhedeg a'i reolaeth gampus dros y bêl. Er bod Wilf yn gawr o ddyn y cyfnod hwnnw ac yntau'n 188cm, roedd yn gyflym iawn. I dîm Caerdydd, sgoriodd 204 o bwyntiau mewn 71 gêm.

4

Sgoriodd Wilf dair gôl mewn un gêm i dîm pêl-droed Caerdydd, ac roedd hefyd yn chwarae i'r Barri. Ar ben hynny, roedd yn aelod o dîm rygbi a chriced Prifysgol Caergrawnt, sy'n dangos ei fod yn athletwr dawnus.

Cymro yn curo'r Crysau Duon

Pan chwaraeodd Cymru yn erbyn Seland Newydd yn 1935, torrodd eu bachwr, Don Tarr, ei wddf yn fuan yn yr ail hanner. Nid oedden nhw'n caniatáu eilyddion ar y cae bryd hynny. Yn y munudau olaf, roedden nhw'n colli 12–10 a dyma Wilf yn gweld ei gyfle – ciciodd y bêl ymlaen a sgoriwyd y cais buddugol.

Gwleidyddiaeth greulon

Am gyfnod hir, nid oedd De Affrica yn cael cymryd rhan mewn chwaraeon rhyngwladol oherwydd bod gan eu llywodraeth reolau creulon o'r enw apartheid a oedd yn gwahaniaethu yn erbyn pobl nad oedd yn wyn. Ond roedd Wilf yn cefnogi timau chwaraeon De Affrica, felly nid oedd rhai pobl yn hoff ohono.

5

Yn ystod yr Ail Ryfel Byd, cafodd Wilf ei gipio gan y Japaneaid. Roedd yn rhaid i garcharorion wneud gwaith corfforol peryglus ac roedd bwyd yn brin felly bu farw llawer. Cafodd hyn effaith ar gorff Wilf ac ni wnaeth chwarae rygbi wedi hynny.

6

Felly trodd Wilf at griced. Chwaraeodd i dîm Morgannwg am 24 mlynedd, ac yn 1948 fe wnaeth eu harwain nhw i gipio eu Pencampwriaeth Sirol gyntaf (dim ond tair maen nhw wedi eu hennill erioed). Roedd eu llwyddiant yn sioc enfawr, gan fod clybiau criced proffesiynol yn ystyried Morgannwg yn israddol.

7

Yn fowliwr cryf ac yn fatiwr ffyrnig, roedd ysfa Wilf i ennill yn ei wneud yn amhoblogaidd iawn ymysg chwaraewyr a chefnogwyr timau eraill. Cafodd ei ddewis ddwywaith i chwarae i dîm Lloegr* ond roedd yn rhaid iddo wrthod oherwydd ei waith. Yn ddiweddarach, daeth yn ddewiswr i Loegr, yn Ysgrifennydd Morgannwg am 30 mlynedd ac yn Llywydd am chwe mlynedd.

*sy'n cynrychioli Cymru a Lloegr

8

Yn anhygoel, cafodd Wilf amser hefyd i gynrychioli Cymru mewn sboncen a daeth yn chwaraewr bowls hyderus. Yn ogystal, gweithiodd fel newyddiadurwr a darlledwr hynod broffesiynol. Roedd wir yn byw bywyd rhyfeddol!

Oeddet ti'n gwybod?

- Cafodd Wilf ei orfodi gan y Japaneaid i adeiladu Rheilffordd Burma.
- Roedd bron i 270,000 o bobl gyffredin a 60,000 o garcharorion yn gweithio arni.
- Bu farw tua 90,000 o bobl gyffredin a 12,000 o garcharorion wrth ei hadeiladu.

TANNI GREY-THOMPSON

Un fach a wnaeth bethau mawr

Geni: Caerdydd, 26 Gorffennaf 1969

Chwaraeon: rasio cadair olwyn

Prif wobrau:

- 16 medal yn y Gemau Paralympaidd (gan gynnwys 11 aur)
- 12 medal ym Mhencampwriaeth y Byd (gan gynnwys 5 aur)
- Enillydd Marathon Llundain i Gadeiriau Olwyn x 6
- Wedi torri 30 record byd
- Aelod o Orsedd Eisteddfod Genedlaethol Cymru
- Barwnes yn Nhŷ'r Arglwyddi
- Personoliaeth Chwaraeon y Flwyddyn BBC Cymru x 3
- Gwobr Cyflawniad Oes Personoliaeth Chwaraeon y Flwyddyn y BBC

1

Pan gafodd **Carys Davina Grey-Thompson** ei geni, fe wnaeth ei chwaer roi'r llysenw 'Tiny' arni, a ddaeth yn 'Tanni'. Cafodd Tanni ei geni gyda spina bifida, a wnaeth niweidio llinyn y cefn a'i nerfau. Er ei bod hi'n gallu cerdded i ddechrau, erbyn oedd hi'n 7 oed roedd angen cadair olwyn arni.

2

Gwaeth ei rhieni ei hannog i gymryd rhan mewn chwaraeon. Dysgodd sut i neidio ymylon palmant a grisiau yn ei chadair olwyn pan oedd allan gyda ffrindiau, a datblygodd gryfder a rheolaeth gorfforol anhygoel.

3

Cafodd ei hysbrydoli i rasio cadair olwyn yn 13 oed, a phan welodd Chris Hallam yn ennill Marathon Llundain (**gweler tudalen 18**), roedd hithau'n ysu i gymryd rhan. Er bod llawer yn meddwl na fyddai ei breuddwyd byth yn cael ei gwireddu, llwyddodd Tanni nid yn unig i gystadlu yn y Marathon ond ei hennill hi chwe gwaith hefyd! Yn ifanc, chwaraeodd bêl-fasged cadair olwyn hefyd.

Oeddet ti'n gwybod?

- Mae rasio cadeiriau olwyn wedi bod yn rhan o'r Gemau Paralympaidd yn swyddogol ers 1964.
- Gall y raswyr gorau gyrraedd cyflymder o 40 km/awr (24.9 mya)!
- Mae pob cadair olwyn yn cael ei hadeiladu yn arbennig ar gyfer anghenion pob rasiwr ac yn costio miloedd.

4

Roedd yn rhaid i Tanni wynebu sawl her. Yn 17 oed cafodd lawdriniaeth fawr i osod rhoden fetel ar ei hasgwrn cefn. Ond ni wnaeth hyn hyd yn oed ei rhwystro o gwbl.

5

Diolch i'w gwaith caled a'i hagwedd benderfynol, enillodd 16 o fedalau mewn pum Gemau Paralympaidd rhwng 1988 a 2004, 12 medal ym Mhencampwriaeth y Byd a thorrodd 30 record byd. Am syfrdanol! Daeth i'r brig mewn cystadlaethau 100 metr i 800 metr, a dangosodd ei llwyddiant cyson ym Marathon Llundain ei bod hi'n athletwraig ddawnus. Yn 2002 enillodd Farathon Cadair Olwyn Llundain dri mis ar ôl rhoi genedigaeth.

Beth ydy'r Gemau Paralympaidd?

- Dechreuodd y Gemau Paralympaidd yn 1948, pan oedd y Gemau Olympaidd yn Llundain. Gwnaeth 16 o gyn-filwyr rhyfel anabl gystadlu.
- Heddiw, mae bron i 4,500 o athletwyr o bob rhan o'r byd yn cystadlu yn y Gemau Paralympaidd.
- Mae gan Gemau'r Haf 22 o wahanol chwaraeon, a 6 gwahanol fath yng Ngemau'r Gaeaf – pob un â sawl categori i gyd-fynd â gallu'r athletwyr.

6

Cipiodd Tanni hefyd wobr Personoliaeth Chwaraeon y Flwyddyn BBC Cymru deirgwaith. Ers ymddeol, mae wedi cael gyrfa hynod lwyddiannus ym myd y cyfryngau a gwleidyddiaeth, gan godi llais yn Nhŷ'r Arglwyddi a hyrwyddo chwaraeon yn angerddol. Hi, heb os, ydy un o'r athletwyr mwyaf ysbrydoledig yn hanes chwaraeon Cymru.

Beth ydy ystyr T53?

Cystadlodd Tanni yn y categori rasio cadair olwyn T53, ar gyfer athletwyr sydd â defnydd llawn o'u breichiau, ond sydd wedi colli defnydd o gyhyrau eu bol a'u coesau. Mae Tanni yn un o'r athletwyr enwocaf ac uchaf ei pharch i gystadlu yn y categori yma erioed.

STEVE ROBINSON

O stacio'r silffoedd i bencampwr byd

Geni: Caerdydd, 13 Rhagfyr 1968

Chwaraeon: bocsio

Pwysau: pwysau plu, pwysau plu uwch

Record broffesiynol: ennill 32 (17 drwy lorio'r gwrthwynebydd), colli 17, 2 ornest gyfartal

Prif wobrau:

- Pencampwr Pwysau Plu'r Byd
- Pencampwr Pwysau Plu Rhyng-gyfandirol
- Pencampwr Pwysau Plu Ewrop
- Pencampwr Pwysau Plu Ardal Cymru

1

Os wyt ti'n hoffi chwaraeon a chyffro, byddi di wrth dy fodd â stori **Steve Robinson**. Mae gan y bocsiwr yma o Gymru stori ryfeddol, fel mae ei lysenw 'The Cinderella Man' yn awgrymu.

2

Cafodd Steve ei eni yn Nhrelái yng Nghaerdydd yn 1968. Roedd wedi gwirioni ar chwaraeon ac yn blentyn llawn egni. Er hyn cafodd ei fwlio oherwydd lliw ei groen ac am ei fod yn fach. Dysgodd sut i edrych ar ôl ei hun ar ôl ymuno â champfa focsio.

Er ei fod yn focsiwr naturiol, yn ei arddegau rhoddodd Steve y gorau i ymladd. Gadawodd yr ysgol a chafodd drafferth dod o hyd i waith. Un diwrnod gwelodd ei hen hyfforddwr bocsio a ddywedodd wrtho fod ganddo'r ddawn i fod yn bencampwr byd. Aeth Steve yn ôl i'r gampfa ac yn fuan wedyn dechreuodd ymladd yn broffesiynol.

3

Nid oedd y daith i'r brig yn hawdd iddo. Erbyn mis Mawrth 1993, o gyfanswm o 23 gornest, dim ond 13 roedd Steve wedi eu hennill. Nid oedd yn ennill digon o arian wrth focsio ac felly roedd yn rhaid iddo lenwi silffoedd mewn siop.

4

Yna digwyddodd rhywbeth rhyfeddol. Roedd Rubén Palacio o Colombia i fod i ymladd yn erbyn y Sais John Davison i gadw ei deitl fel pencampwr pwysau plu'r byd. Ond roedd gan Palacio broblem iechyd ddifrifol ac nid oedd yn gallu cystadlu. Roedd ei deitl bellach ar gael i'w gipio, a dyddiau'n unig oedd gan y trefnwyr i ddod o hyd i wrthwynebydd i Davison. Mae bocswyr yn hyfforddi am fisoedd cyn gornest fawr a doedd neb eisiau ymladd mor fyr rybudd. Yn y diwedd, gofynnon nhw i Steve gystadlu gan fod pawb arall wedi gwrthod.

Roedd yn bwyta pastai a sglodion pan gafodd alwad yn dweud bod ganddo ddau ddiwrnod i baratoi ar gyfer yr ornest. Ac i gystadlu ar lefel pwysau plu, roedd yn rhaid iddo golli 3.9kg!

Pencampwr balch

Steve oedd y pencampwr bocsio du cyntaf o Gymru. Nid oedd cael ei fagu gan un rhiant yn hawdd. Heddiw, mae Steve yn ymgyrchu dros gyfleusterau i bobl ifanc o gefndiroedd tlawd.

5

Am ddau ddiwrnod, fe wnaeth hyfforddi'n galed, gan wisgo llawer o ddillad i'w helpu i chwysu a cholli pwysau. Roedd yn flinedig, ond fe weithiodd. Y broblem oedd ei fod yn llwglyd ac wedi blino ar ddiwrnod y frwydr. Roedd pawb yn meddwl nad oedd gan y bocsiwr blinedig, dieithr yma unrhyw siawns o ennill.

Oeddet ti'n gwybod?

- Roedd bocsio yn y Gemau Olympaidd gwreiddiol yn 688CC.
- Mae darn o gelf yn Thebes, yr Aifft, sy'n dyddio yn ôl i tua 1350CC, yn dangos bocswyr yn cystadlu o flaen cynulleidfa.
- Mae'r darn o gelf cynharaf sy'n dangos bocswyr yn defnyddio menig yn lle dyrnau noeth, yn dod o Creta yn 1500CC.

Y dreigiau ar ben eu digon

Mae Cymru wedi cynhyrchu 14 o bencampwyr bocsio'r byd. Y cyntaf oedd Percy Jones, Porth, a ddaeth yn bencampwr pwysau pry yn 1914, yna Freddie Welsh a Jimmy Wilde (**gweler tudalen 33**). Y lleill oedd Howard Winstone, Steve Robinson, Robbie Regan, Barry Jones, Joe Calzaghe, Enzo Maccarinelli, Gavin Rees, Nathan Cleverly, Lee Selby, Joe Cordina a Lauren Price (**gweler tudalen 12**).

6

Eto i gyd, gwnaeth Steve syfrdanu'r byd. Nid yn unig y dechreuodd yn dda, fe wellodd drwy'r ornest ac ennill edmygedd y dyfarnwyr. Roedd y staciwr silffoedd bellach yn bencampwr byd! Nid lwc oedd ei lwyddiant chwaith, gan iddo ennill y bencampwriaeth saith gwaith.

7

Mae stori Steve yn dangos pa mor bwysig ydy credu ynot ti dy hun, gweithio'n galed a gwneud y gorau o unrhyw gyfle rwyt ti'n ei gael.

JADE JONES

Ymladdwr ysbrydoledig sy'n ysu am fwy

Geni: Bodelwyddan, 21 March 1993

Chwaraeon: taekwondo

Prif wobrau:

- Medal aur Olympaidd x 2
- Medal aur ym Mhencampwriaethau'r Byd
- Medal aur yng Ngemau'r Gymanwlad
- Medal aur mewn cystadleuaeth Grand Prix x 10
- Medal aur yng Ngemau Ewrop x 2
- Medal aur ym Mhencampwriaethau Ewrop x 3
- Medal aur yng Ngemau Olympaidd Ieuenctid
- Personoliaeth Chwaraeon y Flwyddyn BBC Cymru x 2

1

Dechrau anarferol a gafodd **Jade** mewn taekwondo, er iddi ddod yn bencampwraig Olympaidd a'r byd yn y gamp. Yn 8 oed, roedd hi'n aml yn cicio dros y tresi felly anfonodd ei thaid hi i'r clwb taekwondo lleol i ffrwyno ei hegni. A, waw, wnaeth hyn weithio!

2

Gwirionodd Jade ar y gamp yn syth ac roedd yn barod iawn i ddysgu. Gadawodd yr ysgol yn 16 oed a chanolbwyntio'n llwyr ar taekwondo. Crefft ymladd ydy taekwondo lle mae ymladdwyr yn dyrnu ac yn cicio ei gilydd. Roedd Jade yn hoffi cicio'n uchel i sgorio mwy o bwyntiau, ac oherwydd hynny cafodd y llysenw 'The Headhunter'.

Cwffio drwy'r Covid

Yn ystod cyfnodau clo'r Covid, nid oedd Jade yn gallu hyfforddi gyda'i hyfforddwyr yn y gampfa. Felly fe drodd hi a'i ffrind oedd yn rhannu tŷ â hi, Bianca Walkden (pencampwr byd taekwondo deirgwaith), eu garej yn gampfa fel eu bod yn gallu parhau i ymarfer yn galed bob dydd.

3 Does dim llawer o arian mewn taekwondo ac roedd yn rhaid i Jade weithio'n galed i gael arian i gystadlu. Teithiodd i Singapore ar gyfer Gemau Olympaidd Ieuenctid yr Haf, diolch i roddion gan fusnesau yn ei thref leol, y Fflint. Ad-dalodd ei dyled iddyn nhw drwy ennill medal aur! Dyma un o nifer o fedalau a enillodd cyn mynd i Gemau Olympaidd Llundain yn 2012, a hithau ond yn 19 oed.

4 Gwnaeth Jade hyfforddi yn anhygoel o galed, gan dreulio pum awr y dydd yn ymarfer paffio ac yn codi pwysau – heb sôn am yr oriau a dreuliodd yn dadansoddi fideos o'i gwrthwynebwyr. Talodd ar ei ganfed, wrth iddi frwydro i'r brig yn y dosbarth pwysau 57kg. Yn y rownd gynderfynol, curodd Jade ymladdwr oedd yn rhif un ar siart ymladdwyr y byd, ac yn y rownd derfynol curodd bencampwr y byd, er ei bod wedi cael dwy ergyd boenus ar ddechrau'r ornest. Hi ydy'r ymladdwr cyntaf o Brydain i ennill medal aur mewn taekwondo, a dim ond dwy arall o Gymru sydd wedi ennill medal aur Olympaidd mewn camp unigol erioed.

5

Jade oedd y ffefryn i gipio'r fedal aur yng Ngemau Olympaidd 2016 yn Rio, Brasil, ac roedd hyn yn dipyn o bwysau arni. Fe wnaeth gyfaddef ei bod wedi crio cyn y rownd gynderfynol gan fod ei nerfau yn rhacs. Ond cadwodd ei theitl, a hi oedd yr athletwr cyntaf o Gymru i ennill medal aur Olympaidd ddwy flynedd yn olynol mewn unrhyw gystadleuaeth unigol.

6

Cred Jade y gall chwaraeon newid bywyd er gwell. Dywedodd, "Mae cymryd rhan mewn chwaraeon yn rhoi pobl ifanc ar y llwybr cywir. Mae bywyd yn gallu bod yn anodd, ac mae hyfforddi yn rhoi egni a disgyblaeth sy'n hanfodol ar gyfer llwyddo."

O ran medalau aur Jade, mae ei thaid yn gofalu amdanyn nhw. Er bod ei hanfon hi i wersi taekwondo wedi bod yn benderfyniad gwerth chweil, nid ydy o'n ymddiried ynddi i gadw'r medalau yn ddiogel!

Y cynhwysyn cyfrinachol

Mae arbenigwyr mewn maeth yn sicrhau bod ymladdwyr yn bwyta'r bwyd cywir fel bod eu cyrff mewn cyflwr da. Ond o dro i dro maen nhw'n cael plygu'r rheolau! Mae Jade yn cyfaddef mai bwyta pasta a jeli cyn ymladd ydy cyfrinach ei llwyddiant!

7

Yn 2025, cyhoeddodd Jade ei bod am ddechrau bocsio. Ei breuddwyd ydy bod yn bencampwr byd mewn mwy nag un chwaraeon!

Oeddet ti'n gwybod?

- Cafodd taekwondo ei greu yn y 1940au a'r 1950au.
- Roedd ymladdwyr yn cymysgu crefft ymladd draddodiadol Corea ag arddulliau ymladd o Tsieina a Japan.
- Mae taekwondo yn cyfieithu i 'crefft o gicio a dyrnu'.

ARTHUR GOULD

Seren gyntaf y byd rygbi

Geni: Casnewydd, 10 Hydref 1864

Marw: 2 Ionawr 1919

Chwaraeon: rygbi'r undeb

Safle: canol cae, cefnwr

Prif glybiau: Casnewydd, Cymry Llundain, Richmond

Capiau dros Gymru: 27

Pwyntiau: 13 (yn cynnwys 4 cais)

Prif wobrau:

- Arwain Cymru i ennill eu pencampwriaeth gyntaf a'r Goron Driphlyg
- Capten Cymru mewn 18 gêm
- Torri record am y nifer mwyaf o gapiau cenedlaethol yn rygbi'r byd
- Oriel Anfarwolion Chwaraeon Cymru
- Oriel Anfarwolion Rygbi'r Byd

1

Arthur 'Monkey' Gould oedd seren gyntaf rygbi Cymru a'r byd. Cododd safon tîm Cymru a chynyddu proffil y gêm yn y wlad a thu hwnt.

Ennill arian

Gan nad oedd cyflog am chwarae rygbi, roedd yn rhaid i Arthur weithio amser llawn. Byddai hefyd yn cymryd rhan mewn cystadlaethau athletau i ennill arian. Roedd yn rhedwr cyflym, ac yn wych am neidio dros y clwydi. Enillodd dros £1,000 – ffortiwn bryd hynny.

2

Cafodd Arthur ei lysenw oherwydd ei fod yn hoffi dringo coed yn fachgen – sgìl a ddefnyddiodd mewn gêm yn erbyn Lloegr pan ddringodd y pyst rygbi i drwsio'r croesfar! Yn ei arddegau, chwaraeodd fel canolwr a chefnwr i Gasnewydd – clwb mawr ar y pryd. Ar ôl sgorio dau gais yn ei gêm gyntaf, cafodd gadw ei le yn y tîm. Yn y gêm honno, galwodd y capten ef yn 'ddiafol' wedi iddo redeg gyda'r bêl yn hytrach na'i chicio fel yr oedd ef wedi ei orchymyn. Dywedodd chwaraewr gwych arall o Gymru, Gwyn Nicholls, fod ceisio ei daclo fel ceisio "dal pilipala sy'n hedfan gyda phin het".

3

Roedd Arthur yn gallu cicio gyda'i ddwy droed ac roedd ei allu i ochrgamu yn ei wneud yn beryglus ar y cae. Roedd wrth ei fodd yn cael sylw, a chafodd lluniau ohono eu defnyddio i werthu pob math o bethau – o siocled i sigaréts.

4

Enillodd 27 o gapiau, cyfanswm rhyfeddol o gofio mai dim ond tair gêm y flwyddyn roedd Cymru yn eu chwarae ar gyfartaledd. Ni wnaeth yr un canolwr arall ennill mwy o gapiau nag ef tan 1980. Cafodd Arthur ei ddewis yn gapten mewn 18 gêm brawf – record yng Nghymru tan 1994, pan ddechreuodd Cymru chwarae mwy na deg gêm y tymor yn rheolaidd.

5

Yn 1890, gwnaeth Arthur arwain ei wlad i guro Lloegr am y tro cyntaf erioed ac ennill y Goron Driphlyg yn 1893 – gwobr fwyaf rygbi Ewrop ar y pryd.

6

Roedd Arthur yn cael ei addoli gymaint yng Nghymru nes i'r cefnogwyr yn 1896 gasglu cannoedd o bunnau i brynu tŷ iddo. Nid oedd arian yn y gêm bryd hynny. Gwnaeth hyn wylltio'r gymuned rygbi ym Mhrydain, a doedd gan Undeb Rygbi Cymru ddim dewis ond gadael y Bwrdd Rygbi Rhyngwladol. Fe wnaeth yr Alban ac Iwerddon hyd yn oed ganslo eu gemau yn erbyn Cymru. I ddod â'r anghydfod i ben, fe wnaeth Arthur ymddeol o rygbi Rhyngwladol.

Teulu talentog

Roedd gan Arthur bum brawd:

- Roedden nhw i gyd yn chwarae i Gasnewydd – un o dimau gorau Prydain ar y pryd.
- Cafodd Bert 3 chap dros Gymru a chwaraeodd yng Nghoron Driphlyg 1893.
- Cafodd Bob 11 cap dros Gymru a chwaraeodd 136 gêm i Gasnewydd.
- Cystadlodd Wyatt yn ras y clwydi 400m yng Ngemau Olympaidd 1908.

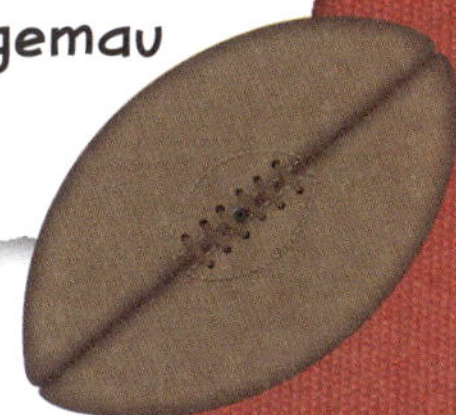

Oeddet ti'n gwybod?

Pan ddechreuodd Arthur chwarae dros Gymru, nid oedd pwyntiau mewn rygbi! Yn rhyfeddol, byddai un cais wedi ei drosi neu gôl adlam yn curo UNRHYW geisiau heb eu trosi, felly byddet ti'n gallu sgorio pum cais a cholli i un gôl adlam! Cafodd pwyntiau eu cyflwyno yn nhymor 1890/91.

7

Gwnaeth Arthur ymddeol cyn Oes Aur Cymru, sef 1900 i 1911, ond cafodd y clod am osod y sylfeini er mwyn i Gymru fynd o nerth i nerth.

NICOLE COOKE

Y feicwraig fedrus o Forgannwg

Geni: Abertawe, 13 Ebrill 1983

Chwaraeon: beicio (ffordd)

Clwb: Ajax CC Caerdydd

Prif wobrau:

- Medal aur Olympaidd
- Medal aur Pencampwriaethau'r Byd
- Medal Aur Gemau'r Gymanwlad
- Medal aur Ras Ffordd Genedlaethol Prydain x 10
- Enillydd Tour de France x 2
- Cwpan y Byd Ras Ffordd UCI Menywod x 2
- Enillydd Giro d'Italia
- Enillydd Tour of Flanders
- Y beiciwr Prydeinig cyntaf (dyn neu fenyw) i ennill y Daith Fawr
- Personoliaeth Chwaraeon y Flwyddyn BBC Cymru 2003

1

Cafodd **Nicole Cooke** ei magu yn y Wig ym Mro Morgannwg. Roedd hi wrth ei bodd yn beicio o oed ifanc ac roedd hi'n cymryd rhan ym mhopeth, o rasio trac i feicio mynydd a dringo bryniau. Roedd hi hyd yn oed yn beicio i'r ysgol er mwyn cael mwy o amser i hyfforddi. Breuddwydiodd am ennill y Tour de France.

2

Yn 16, gwnaeth Nicole gystadlu yn erbyn oedolion ym Mhencampwriaeth Ras Ffordd Genedlaethol Prydain i fenywod. Yn anhygoel, fe ddaeth i'r brig ar ôl gornest ddramatig gyda beiciwr oedd wedi torri record byd!

Trysor yn yr atig

Yn blentyn, daeth Nicole o hyd i hen feic tandem yn yr atig. Gwnaeth ei thad, a oedd yn beicio pan oedd yn ifanc, ei drwsio a chael un arall a dechreuodd y teulu fynd ar wyliau beicio gyda'i gilydd. Roedd Nicole wedi gwirioni!

3

Dyma ddechrau ar ei gyrfa ddisglair lle wnaeth hi ennill y Tour de France nid unwaith, ond dwywaith.

4

Nid oedd bod yn feiciwr benywaidd o Gymru yn hawdd. Dysgodd dactegau beicio drwy wylio rasio ar y teledu, chwilio ar y we a siarad â menywod eraill oedd wedi rasio ar y ffyrdd. Dysgodd Eidaleg a symud i'r Eidal yn 18 oed er mwyn cystadlu ar y lefel uchaf. Fe wnaeth hyn fyd o wahaniaeth achos y flwyddyn honno enillodd fedal aur yng Ngemau'r Gymanwlad.

Tour de France Menywod

- Cafodd y Tour de France cyntaf erioed ei gynnal yn 1903.
- Roedd y gystadleuaeth gyntaf i fenywod yn 1955.
- Ni ddigwyddodd yr ail gystadleuaeth i fenywod tan 1984!

5

Y flwyddyn wedyn, enillodd Nicole bedair ras Cwpan y Byd ar ôl ei gilydd, gan ddod yn enillydd ieuengaf Cyfres Cwpan y Byd. Ond cafodd sawl anaf difrifol, ac roedd yn aml yn rhwystredig gan nad oedd digon o gefnogaeth i feicwyr benywaidd yng Nghymru. Anfonodd swyddogion Cymru Nicole i amddiffyn ei theitl yng Ngemau'r Gymanwlad ar ei phen ei hun; roedd gan y dynion dîm o chwech yn cystadlu yn y ras. Collodd Nicole i dîm o chwech Awstralia – ond ni wnaeth yr un dyn o dîm Cymru orffen y ras.

Oeddet ti'n gwybod?

Yn y bedwaredd ganrif ar bymtheg, roedd rhai pobl yn credu bod beicio yn niweidio iechyd menywod yn ddifrifol. Roedd hefyd yn anodd iawn i fenywod feicio gan eu bod nhw'n gwisgo ffrogiau hir.

6

Llwyddiant mwyaf Nicole oedd ennill Pencampwriaeth Ras Ffordd y Byd a medal aur Olympaidd yn yr un flwyddyn – hi ydy'r rasiwr cyntaf erioed i wneud hyn (dyn neu fenyw). Nicole hefyd oedd y fenyw gyntaf o Brydain i ennill medal aur Olympaidd, a hynny yn Beijing 2008, a'r Gymraes gyntaf i ennill medal aur Olympaidd unigol – yn wir, y Gymraes gyntaf i ennill unrhyw fedal aur ers Irene Steer yn 1912 (**gweler tudalen 21**).

7

Gwnaeth Nicole ymddeol yn 29, yn ddig bod cystadleuwyr a oedd yn defnyddio cyffuriau gwella perfformiad wedi cipio sawl teitl oddi arni. Ysgrifennodd hunangofiant a gafodd ei enwebu ar gyfer sawl gwobr, a chafodd ei chanmol am dynnu sylw at yr anawsterau y mae menywod sy'n beicio yn eu hwynebu o gymharu â dynion.

BILLY BOSTON

Arwr nad oedd yn cael ei addoli gartref

Geni: Caerdydd, 6 Awst 1934

Chwaraeon: rygbi'r gynghrair, rygbi'r undeb

Safle: asgell, canol cae

Prif glybiau: CIACs, Castell-nedd, Pontypridd (rygbi'r undeb); Wigan, Blackpool Boro (rygbi'r gynghrair)

Capiau dros Brydain (rygbi'r gynghrair): 32

Pwyntiau: 75 (o 25 cais)

Prif wobrau:

- Enillydd Cwpan y Byd Rygbi'r Gynghrair
- Enillydd Cwpan Her Rygbi'r Gynghrair x 3
- Enillydd Pencampwriaeth y Gynghrair
- Oriel Anfarwolion Rygbi'r Gynghrair Prydain
- Oriel Anfarwolion Chwaraeon Cymru
- Wedi torri record am sgorio ceisiau gyda Wigan (478)
- Yr ail uchaf am sgorio ceisiau yn hanes rygbi'r gynghrair (571)

1

Mae **Billy Boston** yn un o'r chwaraewyr rygbi'r gynghrair gorau erioed. Roedd yn arwr yn Lloegr pan oedd yn chwarae rygbi, ond am flynyddoedd lawer ni chafodd ei ddawn ei gwerthfawrogi yng Nghymru.

Torri record

Torrodd Billy record wedi iddo sgorio 571 cais – mae hyn yn anhygoel, nid yn unig am fod hyn yr ail nifer uchaf o geisiau erioed, ond hefyd am ei fod wedi llwyddo i'w wneud mewn 564 gêm!

Oeddet ti'n gwybod?

- O 1895 i 1995, nid oedd unrhyw chwaraewyr yn cael eu talu am chwarae rygbi'r undeb.
- Yn ystod y cyfnod yma, gadawodd tua un o bob pedwar o chwaraewyr rhyngwladol Cymru i chwarae rygbi'r gynghrair.
- Nid oedden nhw'n cael cynrychioli Cymru yn rygbi'r undeb byth eto.

2

Cafodd Billy ei eni yng Nghaerdydd, yn un o 11 o blant. Roedd ei deulu o Gymru, Iwerddon a Sierra Leone (Gorllewin Affrica). Chwaraeodd rygbi'r undeb gyda Bechgyn Ysgol Caerdydd a thîm Ieuenctid Cymru, a dechreuodd chwarae i brif dîm CIACS yng Nghaerdydd. Roedd yn enwog am ei gyflymder, am ei gorff athletaidd a'i allu i sgorio cais. Ei freuddwyd oedd chwarae i Gaerdydd a Chymru.

3

Er ei dalent, ni chafodd erioed wahoddiad i chwarae i Gaerdydd. Felly pan ddangosodd clybiau eraill fel Castell-nedd a Phontypridd ddiddordeb ynddo, ymunodd â nhw. Yn yr un modd, ni chafodd Billy erioed ei ddewis i chwarae dros Gymru. Mae llawer yn credu bod hyn oherwydd lliw ei groen.

4

Dim ond 18 oed oedd Billy pan gafodd ei arwyddo gan Wigan – un o'r timau rygbi'r gynghrair proffesiynol gorau – am swm enfawr. Yn y dyddiau hynny, roedd troi'n broffesiynol yn golygu na fyddai Billy byth yn gallu chwarae yn rygbi'r undeb eto.

5

Efallai nad chwarae rygbi'r gynghrair oedd dymuniad gwreiddiol Billy, ond cafodd yrfa tu hwnt i unrhyw freuddwyd. Daeth yn un o'r chwaraewyr gorau erioed. Roedd ei gyflymdra, ei ystwythder, ei bŵer a'i waith troed yn syfrdanu ei wrthwynebwyr a'i gefnogwyr. Sgoriodd 478 o geisiau mewn 488 o gemau i Wigan – mae'n annhebygol iawn y bydd y record hon yn cael ei thorri byth.

Dal ei dafod

Cynigiodd Wigan £1,500 i Billy am arwyddo iddyn nhw, ond nid oedd Billy eisiau gadael Cymru. Roedd ei fam eisiau cael gwared ar swyddogion Wigan o'r tŷ, felly dywedodd wrthyn nhw mai dim ond am ddwbl hynny y byddai'n arwyddo. Fe wnaethon nhw gytuno'n syth i ffi o £3,000 – ffortiwn bryd hynny. Doedd Billy ddim eisiau arwyddo gan fod troi'n broffesiynol yn golygu na allai byth chwarae i Gaerdydd na Chymru, ond nid oedd am dorri addewid ei fam.

6

Cafodd Billy ei ddewis i dîm rygbi'r gynghrair Prydain Fawr dim ond ar ôl chwe gêm glwb – ef oedd y chwaraewr du cyntaf i gynrychioli Prydain yn y gamp. Sgoriodd 36 cais* mewn 18 gêm ar ei daith gyntaf, a oedd yn record. Chwaraeodd 32 gêm i Brydain Fawr a'u helpu i ennill Cwpan y Byd 1960.

*Nid oedd rhai o'r ceisiau hyn yn erbyn timau Rhyngwladol, felly nid ydyn nhw'n cyfrif mewn ystadegau swyddogol. .

7

Yn y blynyddoedd diwethaf, mae llwyddiant Billy wedi cael sylw yng Nghymru a thu hwnt. Mae cerflun ohono ym Mae Caerdydd ers 2023 a dau gerflun arall – yn Wigan ac yn Wembley yn Llundain!

JESS FISHLOCK

Y pêl-droediwr sydd â'r nifer mwyaf o gapiau dros Gymru

Geni: Caerdydd, 14 Ionawr 1987

Chwaraeon: pêl-droed

Safle: canol cae

Prif glybiau: Dinas Caerdydd, Academi Bryste, Melbourne Victory (Awstralia), FFC Frankfurt (Yr Almaen), Seattle Reign (UDA)

Capiau dros Gymru: 165 (hyd at Gorffennaf 2025)

Goliau: 48 (hyd at Gorffennaf 2025)

Prif wobrau:

- Pêl-droediwr Cymreig y Flwyddyn x 5
- Ennill sawl pencampwriaeth a chwpanau yn Awstralia, UDA, yr Alban, Ffrainc a'r Iseldiroedd
- Enillydd Cynghrair y Pencampwyr UEFA
- Y chwaraewr cyntaf (dyn neu fenyw) i ennill dros 100 o gapiau dros Gymru
- Prif sgoriwr Cymru erioed (dyn neu fenyw)
- Enillydd Chwaraewr Mwyaf Gwerthfawr Cynghrair Cenedlaethol Pêl-droed Menywod yr UDA

1

Does yr un pêl-droediwr, dyn na menyw, wedi chwarae cymaint o gemau dros Gymru na'r anhygoel **Jess Fishlock** – un o chwaraewyr canol cae gorau'r byd. Syrthiodd mewn cariad â phêl-droed yn 7 oed pan aeth i gadw cwmni i'w chwaer mewn gwersyll pêl-droed.

2

Pan oedd Jess yn ifanc, prin oedd y cyfleoedd i fenywod ennill cyflog drwy bêl-droed. Nid oedd hyfforddiant o safon ar gael iddyn nhw na chyfleoedd i chwarae gyda'r chwaraewyr gorau yn y byd.

Cymru yn cymryd cam yn ôl

Daeth pêl-droed menywod yn boblogaidd yn ystod y Rhyfel Byd Cyntaf, pan oedd y dynion oddi cartref yn ymladd. Casglodd gemau'r menywod arian at ymdrech y rhyfel. Yn anffodus, yn 1922 gwnaeth Cymdeithas Bêl-droed Cymru wahardd menywod rhag chwarae mewn clybiau i aelodau. Gwnaeth hyn ddifetha pêl-droed menywod nes i'r gwaharddiad ddod i ben yn y 1970au.

3

Dechreuodd Jess chwarae i Fenywod Dinas Caerdydd yn 15 oed a thîm dan-19 Cymru yn 16 oed. Yn un o'i gemau cyntaf i'r tîm hŷn, gwnaeth Jess gymaint o argraff ar y gwrthwynebwyr fel y cafodd gynnig ei chytundeb proffesiynol cyntaf gydag AZ Alkmaar yn yr Iseldiroedd.

Menywod Cymru yn torri cwys newydd

- Roedd gêm gyntaf answyddogol Menywod Cymru yn 1973. Gwnaethon nhw golli yn erbyn Iwerddon.
- Cafodd tîm cenedlaethol swyddogol y menywod ei sefydlu yn 1993.
- Helpodd Jess fenywod Cymru i gymhwyso ar gyfer Ewro 2025 eu twrnamaint mawr cyntaf erioed.

4

Er bod ei breuddwyd wedi ei gwireddu, roedd yn gyfnod anodd i Jess gan ei bod hi'n hiraethu am adref. Ond daliodd ati a llwyddodd, gan helpu ei chlwb i ennill dau deitl cynghrair.

5

Mae Jess hefyd yn cael ei hedmygu am siarad am yr heriau mae wedi'u hwynebu fel athletwr hoyw. Yn 2018 cafodd MBE am ei gwasanaeth i bêl-droed a'r gymuned LHDT.

6

Mae Jess wedi treulio'r rhan fwyaf o'i gyrfa yn America, sef cartref timau pêl-droed menywod gorau'r byd. Mae hefyd wedi chwarae yn Ffrainc, Lloegr, Awstralia, yr Alban a'r Almaen. Ond ym mha ran bynnag o'r byd mae Jess, nid ydy hi erioed wedi gwrthod y cynnig i chwarae dros ei gwlad. Hi ydy'r chwaraewr sydd wedi ennill y mwyaf o gapiau erioed – yn ddyn neu'n fenyw. Mae wedi bod yn gapten ar dîm Cymru mewn sawl gêm ac wedi sgorio rhai o'u goliau pwysicaf a mwyaf cofiadwy.

Oeddet ti'n gwybod?

Heddiw, mae pêl-droed menywod yn gamp fyd-eang enfawr ac mae miliynau o ferched a menywod ledled y byd yn ei gwylio, ei chwarae a'i chefnogi. Mae nifer y menywod sy'n chwarae pêl-droed yn y Deyrnas Unedig wedi cynyddu 56% ers 2020, ac mae 77% o ysgolion bellach yn cynnig cyfleoedd cyfartal i ferched chwarae pêl-droed.

Gweithgareddau

1 Pa arwr chwaraeon yn y llyfr yma ydy'r athletwr gorau, yn dy farn di?

2 Wyt ti erioed wedi gweld unrhyw un o sêr y llyfr yma yn cystadlu?

3 Tynna lun o dy hoff athletwr a'i roi ar y wal.

4 Pa stori neu ddigwyddiad yn y llyfr yma wnaeth dy synnu fwyaf? Pa heriau wnaeth yr arwyr eu hwynebu?

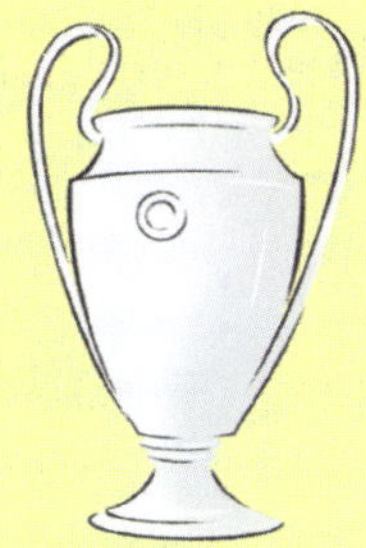

5 Ysgrifenna stori fer am sut brofiad oedd hi i chwarae rygbi yn y 19eg ganrif. Wyt ti'n meddwl y byddai'n fwy neu'n llai o hwyl na chwarae heddiw?

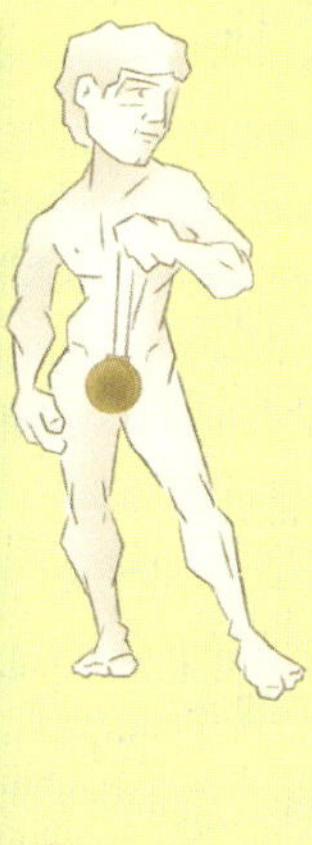

6 A oes unrhyw arwyr chwaraeon o Gymru sydd heb eu cynnwys yn y llyfr? Ysgrifenna bennod amdanyn nhw.

7 Dewisa dy 'Dîm Delfrydol' o Gymru. Mae'n rhaid cynnwys tri dyn a thair menyw o'r llyfr yma. Tynna lun ohonyn nhw yn eu cit Cymru newydd.

8 Dyfeisia bennod am dy yrfa chwaraeon yn y dyfodol a thynnu llun ohonot ti dy hun. Beth hoffet ti fod – seren rygbi? Pencampwr cadair olwyn? Arwr pêl-droed? Beiciwr anhygoel?

9 Pa arwr sydd wedi dy ysbrydoli fwyaf?

10 Mae'r athletwyr yn y llyfr yma yn gwneud pob math o hyfforddiant gwallgof a heriol. Pa hyfforddiant hoffet ti ei wneud, a pha hyfforddiant na fyddet ti'n ei hoffi?

11 Gofynna i dy athro, dy rieni neu dy deulu pwy ydy eu hoff arwr chwaraeon o Gymru. Ydyn nhw yn y llyfr yma?

Fy arwr chwaraeon

Gwna ychydig o ymchwil ar y we a llenwi'r ffeil-o-ffeithiau yma am dy hoff berson ym myd chwaraeon Cymru. Yna, glyna lun ohonyn nhw yn y bocs neu dynnu llun ohonyn nhw.

Enw: ....

Geni: (lle?) ....

.... (pryd?) ....

Chwaraeon: ....

Safle: ....

Clybiau: ....

....

Capiau dros Gymru: ....

Pwyntiau/Goliau: ....

Prif wobrau:

....

....

....

....

....

....

....

Dy broffil chwaraeon penigamp

Beth am greu dy broffil chwaraeon personol? Ysgrifenna restr o'r pethau yr hoffet ti eu cyflawni yn dy hoff gamp, a dychmyga'r holl wobrau hoffet ti eu hennill. Yna, tynna lun ohonot ti dy hun yn bencampwr. Pwy a ŵyr, efallai y byddi di'n llwyddo i wireddu'r cyfan, ryw ddiwrnod!

Enw: ....

Geni: (lle?) ....

.... (pryd?) ....

Chwaraeon: ....

Safle: ....

Clybiau: ....

....

Capiau dros Gymru: ....

Pwyntiau/Goliau: ....

Prif wobrau:

....

....

....

....

....

....

....

Diolchiadau

Hoffwn ddiolch i fy ngolygydd Carolyn Hodges am ei holl waith caled ar y llyfr hwn ac am yr angerdd a ddangosodd at bob arwr. Mae'n bleser mawr gweithio gyda hi a gobeithio y bydd sawl cyfle i wneud hynny eto. Gwerthfawrogaf ymdrechion pawb yn y Lolfa a wnaeth fy helpu i ledaenu'r straeon rhyfeddol yma am arwyr o Gymru a'u trosglwyddo i'r plant – yn arbennig Lefi Gruffudd, Richard Huw Pritchard a Teleri Haf.

Diolch arbennig i Telor Gwyn am ddod â'r gyfrol yn fyw gyda'i ddarluniau unigryw. Mae'n rhaid i mi hefyd gyfeirio'n arbennig at Steve Hunt, Jon Newcombe, Huw Richards a Miles Templeton, am fy helpu i gydag ychydig o ystadegau chwaraeon aneglur (cafwyd sawl dadl!).

Yn olaf, diolch i fy ngwraig Helena a fy mhlant, Michael a Heli, am fod mor amyneddgar pan oeddwn yn treulio oriau maith wrth fy nesg yn ysgrifennu am athletwyr anhygoel o fy mamwlad bell! Michael a Heli, gobeithio y daw'r straeon hyn â chi ychydig yn nes at *Hen Wlad Fy Nhadau*.

James Stafford
Prag, Medi 2025

www.jpstafford.com

Llyfrau eraill am arwyr o Gymru

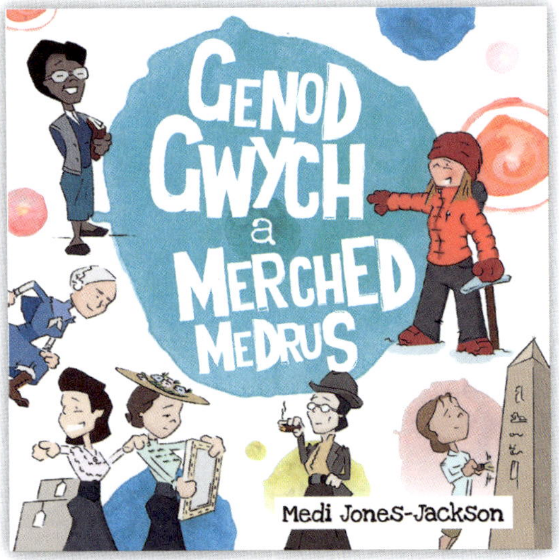

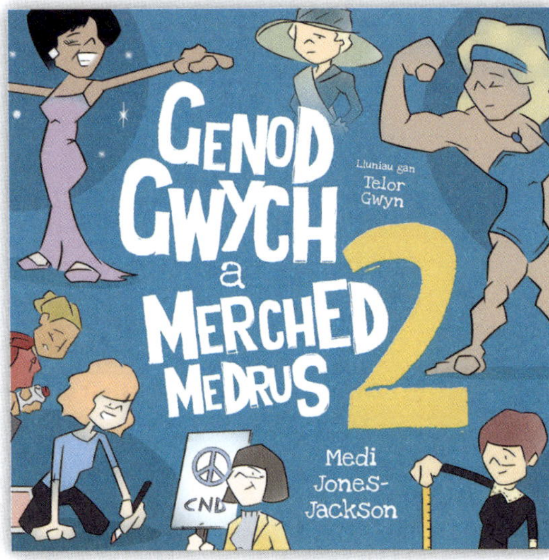

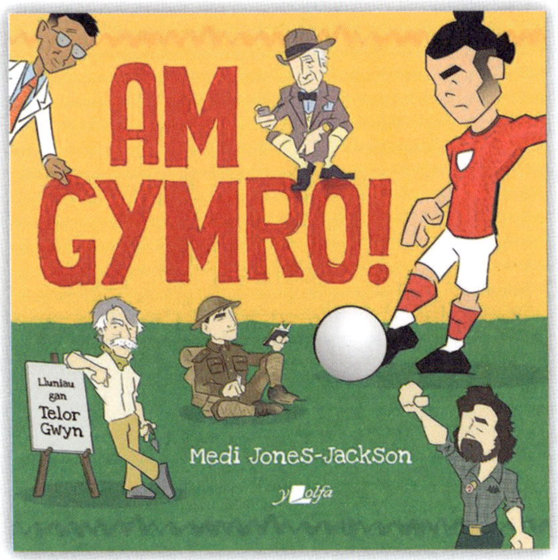

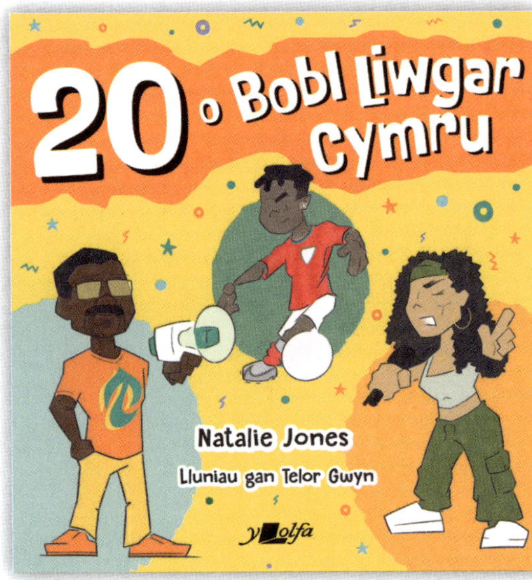

£7.99 yr un